HISTOIRE

DE

L'EUROPE MODERNE.

TOME TROISIÈME.

Faciamus Hominem ad imaginem et similitudinem nostram.

Genes. cap. I, vers. 26.

HISTOIRE
DE
L'EUROPE MODERNE,
DEPUIS L'IRRUPTION
DES PEUPLES DU NORD
DANS
L'EMPIRE ROMAIN,
JUSQU'A NOS JOURS.

PAR NICOLAS BONNEVILLE.

TOME TROISIÈME.

A PARIS,
Chez les Directeurs de l'Imprimerie du CERCLE SOCIAL, rue du Théâtre-François, N°. 4.
Et chez les principaux Libraires de l'Europe.

1792.

L'AN 1er. DE LA RÉPUBLIQUE.

Ces observations *sur les Rois parjures*, qui servent d'introduction à cette nouvelle livraison de l'histoire de notre Europe moderne, ont été insérées dans la Chronique du mois (septembre 1792) : aujourd'hui que la république est décrétée, j'aurois besoin d'y ajouter des réflexions plus étendues, mais les faits parleront assez d'eux-mêmes, et d'ailleurs il me tarde de publier un ouvrage que je crois utile pour seconder les desseins des vrais amis de la liberté.

Des Rois parjures.

Toutes les fois qu'il se formera entre les grands d'un état une lutte, à-peu-près égale, de tyrannie, les droits du peuple commenceront à devenir respectables ; en ce que le parti qui voudra perdre ses rivaux, sera toujours obligé, pour réussir, de mettre le peuple de son côté. —— Hist. de l'Europ. modern. 2e. livraison. p. 130.

14 *août* 1792.

L'an 4me de la liberté et le 1er de l'égalité.

GRAND Dieu, me disoit un jour un député de la législature actuelle, si le discours *sur les émigrés*, que j'ai lu deux fois cette nuit, et que je veux relire encore, eût été prononcé le 21 juin 1791, à la tribune de l'assemblée constituante et en la présence du peuple, quel effet il eût produit (1) ! nous n'aurions plus de *Roi parjure ;* nous n'aurions pas la guerre avec l'Autriche et la Prusse ; nous n'aurions pas à redouter *les palabres* ambitieuses de ces *Rodomonts*-politiques, qui ce jour-là ont donné leur mesure, qui se

(1) Vid. Chronique du mois (février 1792) p. 58.

sont tus ce jour là, qui ce jour-là ont fléchi le genou devant *les rois parjures.*

J'allois frapper encore *les rois parjures*, le parjure étoit sur le trône, sur un trône de huit cents ans; mais aujourd'hui qu'il est tombé, tombé, tombé! —

Fallen, Fallen, Fallen! *Dryden's ode.*

Qu'un autre aille chercher, d'un œil sanguinaire, ce qu'il y a *de crimes* à punir dans le cœur de cet homme-là, qui est à terre!

Je luttois avec force contre ma répugnance à rechercher *ce qu'on peut redouter* encore dans les restes de ce tyran enchaîné, quand soudain j'ai vu tomber la tête de Charles Ier. sous la hache du dictateur Cromwel, qui avoit toujours à la bouche les droits sacrés du peuple, *la souveraineté nationale*, la toute-puissance de la nation, qui pouvoit à son gré déposer les rois qu'elle avoit créés. — Et c'étoit pour envahir la dictature, une plus grande puissance! — J'ai vu un autre usurpateur asseoir Jornandi, le roi Jornandi, nud, sur un fauteuil de fer ardent, et le couronner d'un fer rouge qui lui fut attaché sur la tête avec des clous qu'on y enfonça ; j'ai vu le peuple romain courir au meurtre et à l'esclavage sur les pas d'Antoine qui alloit assassinant les amis de la liberté, n'ayant d'autres armes que la chemise de César, la chemise ensanglantée d'un tyran.

Craignez la pitié. Ce que nous avons *à redouter* dans le tyran à terre, c'est la pitié, c'est la chemise de César entre les mains d'un perfide ! Si vous ne redoutiez pas *la pitié*, un autre tyran, un autre Cromwel, en ne vous parlant jamais que de crimes *à punir*, de vos injures à venger, usurperoit vos droits, et sous quelque beau prétexte de venger vos injures, assouviroit sa haine et celle de son parti dans le sang des citoyens libres qui l'auroient deviné. (1)

Ce n'est pas le tyran dans les fers qu'il

(1) Il ne faut pas vouloir se perdre pour se venger. Vid. Appendices de l'Esprit des Religions, *union et tolérance.* — *Dalembert malade.* §. 63, §. 68, p. 183. — p. 230.

faut tuer, sans pitié, c'est la royauté toute entière, la dictature toute entière. Il nous faut une nation souveraine, et sa volonté seule pour loi.

Les plus méprisables flatteurs du peuple vous parlent bien des droits sacrés *du corps représentatif*, et de la nécessité *des conventions libres et nationales* pour organiser un gouvernement ; mais examinez leur conduite, *ils n'en voudroient pas*, ils n'y voudroient au moins rencontrer que leurs favoris, ceux qui déja les flattent sans pudeur, parce qu'ils les craignent.

Tu nous parles de paix, et ton cœur en est loin,

Perfide ! — Je desire que vous entendiez d'abord Cromwel lui-même et les orateurs à sa solde ; je porterai ici l'amour de la vérité, jusqu'à préférer à une assez bonne traduction que je pourrois faire, une vieille traduction de leur dernière harangue à Charles Stuart, vivement applaudie par les tribunes de ce tems-là, que le dictateur *en espérance*, avoit remplies de ses plus vils instrumens :

« La cour donc, Sire, a quelque chose de plus à vous dire, et bien que cela ne vous doive pas estre fort agréable, néantmoins elle est resolue de s'acquitter de son devoir. Vous avés, Sire, faict fort à propos mention d'une chose fort précieuse, que vous appellés Paix ; Il eust resté à souhaitter que Dieu vous l'eût aussy bien mise au cœur, et que vous vous fussiés aussy réellement, et effectivement estudié, et porté à la paix du royaume, et que vous prétendés à present par vos discours de l'avoir faict. Mais, comme on vous dit l'autre jour, que nos actions sont les interprestes de nos intentions, les vostres y ont esté toutes contraires. Et certes, Sire, il ne nous paroist que trop clairement, que vous avés eu de très-faulx principes : Le royaume en a eu des ressentimens fort cuisans, et vous n'y devés pas penser sans douleur et regret ; Car, Sire, vous vous estes toujours faict fort, et avés tesmoigné par tout par vos discours, que vous n'estiés en aucune sorte sujet aux Loix, et qu'elles n'estoyent point au-dessus de vous ; La cour sait très-bien, Sire, et je veux esperer, tous ceux de cette nation, qui ont le sens et le jugement sain le tiennent aussy, que les loix sont au-dessus de vous, et que vous deviés avoir gouverné selon les loix; Vous le deviés avoir faict, Sire; Et je sais bien que vous pretendés l'avoir faict: Mais, Sire, le grand différend a esté de savoir, qui sont ceux qui doivent estre les expositeurs de nos Loix: Si ce doit estre vous et vostre parti, qui est hors des Cours de Justice, que vous devés attribuer le pouvoir de les exposer, ou bien s'il n'est pas bien plus raisonnable et beaucoup plus juste, que les Cours de Justice en demeurent les interprestes, voire mesme, si ce n'est pas le droit de la Souveraine et plus haute Cour de Justice, qui est le Parlement d'Angleterre, lequel n'est pas seulement le supresme interpreste, mais mesme à luy seul le droit et pouvoir de les faire. Pour vous, Sire, en votre jugement particulier, ou pour ceux qui vous adherent, de vous opposer au jugement, et aux resolutions de la cour Souveraine de justice, ce n'est pas faire selon les Loix; Elles sont au-dessus de vous, Sire, et véritablement aussy il y a quelque chose qui est au-dessus d'elles, et qui en est le Pere et l'Autheur, et c'est le peuple d'Angleterre; Car, Sire, comme c'est luy, qui du commencement, à l'exemple des autres Pays, s'est choisy à luy mesme cette forme de gouvernement pour l'amour de la justice, afin qu'elle s'administrast en sorte, que la paix se peust conserver; Aussy a il, Sire, donné des loix à ses gouverneurs, selon lesquelles ils le devoyent gouverner, à condition toutesfois, que si elles se trouvoient défectueuses et préjudiciables au public, il auroit un pouvoir reservé et né en luy mesme de les changer, quand il jugeroit qu'il en seroit besoin. Quelques uns de vostre party, Sire, ont dit avecque vérité, (1) *qu'un roi n'a point d'esgal en son royaume*; La Cour vous l'avouera aussy, et que pendant que vous estes Roy, vous n'avés point d'esgal en quelque sens; Car vous estes (2) *plus grand qu'aucun de vos Sujets*, mais

(1) *Rex non habet parem in regno suo.* — (2) *Major singulis.*

elle soustiendra aussy que vous estes (1) *moindre qu'eux tous ensemble*. Le mesme Autheur vous dit (2) *qu'en rendant la justice*, là vous n'avés point de pareil, mais (3) *qu'en recevant jugement*, vous estes (4) *comme le plus petit de tous*, et nous recognoissons cecy pour Loy (5). *Le Roi a*, comme dit encore le mesme Autheur, *Dieu et les Loix, voire mesme sa cour, à savoir ses Barons au-dessus de luy*; Et certes, Sire, il ose passer encore plus avant, Si le Roy est effrené et dereglé, alors (6) *ils doivent luy donner une bride*. Nous savons aussy tres-bien, Sire, les histoires du tems passé, et ce qu'elles nous disent de ces guerres, que l'on appelloit les guerres des Barons, esquelles la noblesse d'Angleterre se souslева pour la defense de la liberté publique, et des droits des Sujets, ne vou-

(1) *Minor universis.* — (2) *In exhibitione justitiæ.* — (3) *In suscipienda justitia.* — (4) *Quasi minimus.* — (5) *Rex habet superiorem Deum et legem etiam, et curiam suam, scilicet Barones.* — (6) *Debent ei ponere frenum.*

lant pas souffrir, que les Rois, qui empiettoyent et usurpoyent sur eux, fissent les tyrans à leur volonté, mais leur fit rendre compte de leurs injustices ; Nous savons bien aussy qu'alors (1) *elle leur donna une bride.* Mais, Sire, si ceux d'à present manquent à leur devoir, et ne sont pas si soigneux de leur propre honneur, et du bien du royaume, que les Barons anglois l'ont esté autresfois, certainement la communauté d'Angleterre ne veut pas negliger les choses necessaires pour sa propre conservation et pour sa seureté. (2) *On a autresfois estably des bons Roys pour rendre la justice :* D'où nous apprenons, que la fin qu'on s'est proposée en faisant les Rois, ou tous autres gouverneurs, c'a esté pour jouir de la justice, ç'en est la seule fin ; Et pourtant, Sire, si un Roy veut tendre à une autre fin, qui soit toute contraire à celle là, ou si aucun autre gouverneur tend à une fin contraire à celle pour la-

(1) *Frenum illis posuere.* — (2) *Justitiæ fruendæ causa olim Reges benes morati constituti sunt.*

quelle son gouvernement a esté estably ; il faut qu'il sache qu'il n'est qu'un officier, auquel on a confié une charge ; et qu'il est obligé d'employer pour le bien du Peuple, ce pouvoir qui luy a esté donné : S'il ne le fait, c'est à ce Peuple de donner ordre que l'on corrige et chastie ce gouverneur qui a commis une telle offence. Cecy, Sire, n'est pas une Loy nouvelle, faicte depuis hyer, ny depuis qu'il y a different et debat entre vous et vos peuples, mais une Loy tres-ancienne ; Nous avons aussy des Autheurs, et des tesmoignages tres-authentiques, qui nous apprennent quel estoit ci-devant le sens des Loix, touchant l'élection des Rois et le serment qu'ils faisoyent à leurs peuples, et que s'ils ne l'accomplissoyent, on avoit recours au remede, que l'on appelle Parlement : C'estoyent les Parlemens qui devoient juger (ce sont les termes de l'Autheur) des complaintes, des injustices et des torts faicts par le Roy, la Reyne, ou par leurs Enfans : Et sur tout de ces torts et de ces injures, qui ne pouvoyent trouver remede ailleurs, c'a esté là, Sire, de tous temps la condition du peuple d'Angleterre, qui ne pouvant tirer remede d'ailleurs, que de ses Parlemens, ils ont esté establis à cette fin là, pour remédier aux griefs et souffrances du Peuple, c'estoit là leur fin principale; Et certainement, Sire, si les Rois d'Angleterre eussent bien entendu leurs plus grands avantages, ils eussent recognu que leur Majesté et Grandeur n'a jamais un plus grand esclat que dans les Parlemens: Mais les histoires nous apprennent combien quelques uns d'eux l'ont peu consideré; Nous n'avons aussy que trop veu par une triste, très-misérable, et lamentable experience par toute l'Angleterre, quels ont esté vos sentimens sur ce sujet; Je vous dy ces choses d'autant plustost, qu'il vous plust l'autre jour laissér eschapper en votre discours, que vous croyés avoir aussy bonne cognoissance des Loix, que la pluspart des Gentilshommes d'Angleterre; Ce que j'approuve bien fort, Sire; Et certes il est trés-à-propos qu'ils entendent les Loix sous lesquelles il faut qu'ils vivent, et par lesquelles ils doivent estre gouvernés : Mais vous savés, Sire, ce que dit l'Escriture, *Ceux qui savent la volonté de leur Maistre et ne la font pas*, ce qui s'ensuit. Les Parlemens avoyent de coustume de se tenir anciennement, (comme cela se trouve dans nos anciens Autheurs) deux fois l'année, afin que les sujets peussent à toute occasion avoir un prompt remede à leurs souffrances. Depuis par divers actes du parlement és jours de vostre Predecesseur Edouard 3, il fut ordonné qu'on ne les auroit plus qu'une fois l'an ; Mais tout le Monde sait assés, Sire, quelles intermissions de Parlemens on a vues de vostre temps, et quelles en ont aussy esté les tristes consequences ; Et ce que dans ces intervalles, au lieu de Parlemens vous avés introduit à l'oppression de vos Peuples par la force, et par un pouvoir arbitraire, qui n'a esté que trop cognu, et ne s'est que trop faict sentir : Mais, quand Dieu par sa providence a tellement traversé vos desseins, que vous n'avés

peu

peu plus long-temps empescher la convocation d'un Parlement, on a veu clairement, quel but et quels desseins vous avés eu en l'assemblant contre vostre ancien et natal Royaume d'Ecosse, Et le Parlement d'Angleterre n'ayant pas respondu à votre attente, ny accomply vos desirs et intentions contre les Ecossois, vous l'avés aussy tost rompu. Vous avés esté forcé par une autre grande nécessité d'assembler celuy cy, et depuis il n'a esté que trop connu de tout le Royaume, quels ont esté tous vos desseins, quelles vos machinations et entreprises tout le temps qu'il a esté sur pied, pour le rompre et pour le confondre. Et certes, Sire, suivant le dessein que vous avés eu de faire l'affaire d'un coup, c'eust esté là le vrai moyen de venir à bout de ce dont vous estes accusé d'avoir eu l'intention de faire, à savoir de renverser et ruiner toutes les Loix fondamentales de ce pays; Car le Parlement d'Angleterre estant le grand rempart de la Liberté de vos Peuples, si vous l'eussiés peu renverser par les fondemens, comme vous avés tasché de le faire ; certainement vous auriés peu confondre, ruiner, et entièrement détruire toutes les franchises et droits du Peuple d'Angleterre.

Certes, Sire, cela me fait rappeller en memoire, et je ne puis empescher de le dire, car il nous faut agir librement avec vous, et selon vos merites, puisque nostre Commission nous le commande : Cela dis-je, me fait rappeller en memoire ce que nous lisons d'un grand Empereur Romain, vous me permettrés en passant de l'appeller un grand Tyran Romain, Caligula, qui souhaitoit, que le peuple de Rome n'eust qu'un seul col, afin qu'il le pust couper d'un seul coup : Et tel en quelque sorte, Sire, a esté vostre procedé ; Car le corps de tout le Peuple d'Angleterre, ne se represente en aucune autre sorte, ny ailleurs qu'en un Parlement : Et pourtant si vous eussiés peu le confondre, et détruire, vous eussiés d'un seul coup coupé le col de toute l'Angleterre ; Mais Dieu a eu pitié de nous, ayant confondu vos mauvais desseins, ayant rompu et dissipé vos forces, et ayant livré vostre personne en nos mains, afin que vous satisfassiés à la justice. Nous savons fort bien, Sire, que l'on insiste fort de vostre costé sur une question, à savoir quel exemple les siecles passés nous fournissent pour proceder de la façon contre vous; Mais certes, Sire, en cette rencontre je ne m'estendray pas beaucoup en mon discours sur ce sujet-là pour vous alleguer des exemples, je me contenteray de vous dire que ce ne seroit pas une chose nouvelle, ny malaisée de vous en apporter de presque toutes les Nations du monde, parmi lesquelles les peuples, toutes et quantes fois qu'ils se sont veu le pouvoir en main, ont pris la liberté de faire rendre compte à leurs Rois, et où la tyrannie et le mauvais gouvernement de ceux qui estoyent placés en authorité entre eux, leur ont donné occasion de changer le gouvernement; Je ne puis pas perdre le temps à faire mention de ce qui s'est passé de la sorte en France, en Espagne, ny dans l'Empire, ou és autres pays, on en pourroit escrire des volumes entiers : Mais certes, Sire, je m'imagine que quelques-uns de nous se peuvent aisement ressouvenir de l'exemple que nous fournit à ce propos le Royaume d'Arragon, auquel on a la justice, c'est-à-dire une personne *qui tient comme le milieu*, et le lieu d'Arbitre et de Juge entre le Roy d'Espagne et le peuple de ce pays-là, afin que si le Roy luy fait aucune injure, cette justice ait le pouvoir d'en faire faire la reparation; Ainsy cet Officier est recognu estre au-dessus du Roi et est le grand Conservateur des privileges de ce peuple, et a quelques fois fait justice des injustices de ces Rois et de leur mauvais gouvernement. Sire, ce que *les Tribuns* estoient cy devant *à Rome, et les Ephores. à Lacedemone* nous savons que le Parlement l'est au royaume d'Angleterre; Et encore que *Rome* ait semblé perdre sa Liberté sous le gouvernement des *Empereurs*, toutesfois vous trouverez que pendant ce temps là il s'est faict des actes celebres de justice, mesme par le *Senat de Rome*, et que *Neron*, *ce grand tyran* de son temps, *y a esté jugé et condamné*. Mais, Sire, quant à vous, je n'ay pas besoin de vous apporter ces exemples et ces histoires des Nations Estranges ; si vous voulés seulement passer au delà de la riviere de Tuede, vous en trouverés assés de tels dans vostre pays natal d'Escosse. Si nous considérons ce que vos histoires nous disent de vostre premier Roy d'Escosse *Fergusius*, nous trouverons que c'estoit un Roy électif, et qu'en mourant il laissa deux fils, tous deux en leur minorité, ce qui fut cause que le Royaume choisit leur Oncle son frere pour Gouverneur pendant leur bas asge ; Mais quelque temps après l'Aisné ayant tasché de supplanter son Oncle, qui gouvernoit selon la justice, et donnant par-là peu d'esperance au Peuple d'estre bien gouverné, et commandé de lui, il le rejetta et prit le plus jeune. Si je rapportois, Sire, ce que vos histoires nous fournissent encore sur ce sujet là, vous verriés que vous estes le 109e. Roi d'Escosse, sur un trés grand nombre desquels, le Royaume, selon son pouvoir et ses privileges, a osé entreprendre, en bannissant les uns, emprisonnant les autres, et en en mettant quelques uns à mort ; Mais il seroit trop long d'en rapporter les particularités, et, comme dit un de vos Autheurs, il seroit trop long de reciter les divers exemples desquels vos histoires font mention, des Rois lesquels on a traictés de la sorte dans ce Royaume là. *Nous avons*, disent-ils, *faict au commencement des Rois légitimes, nous leur avons et à nous mesmes imposé des loix justes et équitables.* Or, comme ils sont premierement eslus par les suffrages du Peuple, aussy les peut-il deposer par la mesme voye, quand ils luy en donnent juste sujet ; Et nous osons bien dire, Sire, qu'il ne se trouve point de Royaume qui ait faict plus d'experience, ny donné plus d'exemples de la deposition et de la punition de ses Rois vicieux et oppresseurs, que vostre Royaume natal d'Escosse. Il ne faut pas aller bien loin, Sire, pour en trouver un qui vous touche de fort prés : Vostre Grand'mere fut rejettée et vostre Pere fut couronné n'estant encore qu'un enfant, ce qui fut faict par le pouvoir et l'authorité du Royaume. Nous n'avons pas aussi manqué de tels exemples, icy en

Angleterre, où les Parlemens et les Peuples ont faict rendre compte à leurs Rois de leurs injustes actions, comme il appert si nous regardons au temps des Saxons, et à celuy de devant la conqueste; Nous en trouvons aussi aprés la conqueste, depuis laquelle les Rois Edouard et Richard 2es. ont esté traités de la mesme sorte par leurs Parlemens, qui les ont deposés et privés de leurs dignités; et certes, Sire, quiconque lira leurs histoires, il ne trouvera pas que les choses desquelles ils ont été accusés, approchent de ce grand et fatal catalogue de crimes esnormes dont vous estes chargé. Il vous plust, Sire, de dire l'autre jour, que vous estiés Roi par naissance et par droit de succession, et je ne vous contredy pas à l'heure; Mais quoy que c'en soit, vous ne pouvés nier que vous n'ayés esté admis Roi d'Angleterre. Et quant à ce qu'il vous plust alleguer alors, les histoires vous pourront dire comme cela s'est faict tout autrement durant presque mille ans, si vous remontés au delà du temps de la Conqueste; Et si vous descendés à ce qui s'est faict depuis la Conqueste, vous trouverés que vous estes le 24e. Roi depuis Guillaume le Conquereur, et que la moitié d'iceux ont esté admis et establis par le Royaume, et non pas seulement par droit de naissance, ce qu'il seroit aisé de vous prouver, mais nous ne devons pas perdre plus de temps là dessus. Et certes, Sire, nous pouvons dire ce qu'un Juge docte et plein de gravité a dict autresfois, et a laissé à la posterité : Qu'encore que le droit de Naissance ait souvent lieu en la Succession des Rois, toutesfois les Rois d'Angleterre ont toujours reconnu, que le plus seur fondement de leurs droits, estoit d'estre declarés Successeurs, par les Estats de leur Royaume, et d'avoir l'approbation de leurs Parlemeus ; Et veritablement, Sire, le Serment, que vous faites, et la forme de vostre Couronnement le font assés paroître, en ce qui est de l'Angleterre ; Encore qu'il soit bien vray, que par les Loix la personne la plus proche de sang est en vertu du droit de Naissance ordinairement designée pour succeder, neantmoins, s'il se trouve quelque juste motif de la refuser, le Peuple le peut faire. Car il se fait un contract et comme un marché entre le Roi et ses Sujets, et le serment qu'il fait, c'est pour leur donner asseurance, qu'il accomplira ses promesses de bonne foy. Et certainement, Sire, l'engagement est reciproque, car comme vous estes leur Seigneur Lige, aussy sont ils vos sujets Liges; Et aussi nous savons fort bien, que comme il a esté fort souvent declaré, *la ligence est double ou reciproque, et contient en soy deux liens.* L'un de ces liens et engagemens, est celuy de la protection, qui est deue de la part du Souverain, et l'autre est le lien de la Subjection, deue de la part des Sujets; Et si ce lien, Sire, vient à se rompre, c'est faict de la Souveraineté. *La Protection emporte la Subjection*, *et* reciproquement *la Subjection la Protection*; On ne le sçauroit nier, Sire, et j'en parle, pour cause, priant Dieu, qu'il vous touche le coeur, afin que vous ayés le ressentiment que vous devés avoir de vos mesfaits, et de vostre mauvais Gouvernement; Car nous laissons à juger à toute l'Angleterre, et à tout le Monde, qui l'a veu, si vous vous estes acquitté de ce à quoi vous estiés obligé par vostre Charge, et si au lieu d'estre le Protecteur de ce Royaume, vous n'en avés pas plustost esté le Destructeur. Quand on vous accorderoit, Sire, que vous soyés venu à la Couronne par un tel droit d'heredité e de Succession, comme vous dites, vous ne pouvés pourtant nier, que votre office de Roy ne soit une Charge, qui est confiée, une Charge, qui requiert la plu haute assurance et confiance que l'on peu mettre sur une seule personne. Or comme vous aviés esté estably pour estre le grand Administrateur de la Justice, et les autre estoient tant seulement vos Delegués pour la voir mettre en execution par tou le Royaume; si vostre plus grande Charg vous a esté commise et confiée pour rendre la Justice, pour proteger le Peupl de tous torts et injures, et qu'au lieu d le faire, vous vous en estes vous mesm monstré le plus grand Oppresseur; Si au lieu d'estre le grand Conservateur de l paix vous en avés esté le plus grand Ennemy, certainement tout cela est contrair aux fins de vostre Office, et à la foy et confiance, que vos Sujets ont mise en vous. Et posé le cas, Sire, que cet office soit tombé en vos mains par droit d'heredité, comme vous dites, que vostre droit est descendu de vos Ancestres, nous voulons neantmoins que l'on sache que cet office là peut tomber en saisine et forfaiture, comme si vous ne l'aviés que pour un an, ou pour vostre vie. Et pourtant, Sire, il y a beaucoup de vostre interest de quitter tous vos subterfuges, et considerer serieusement les grandes fautes et offences que vous avés faites; Il n'est pas besoin de particulariser celles que vous avés commises durant vostre Reigne; elles ne sont que trop cognues à tout le Monde; C'eust esté un trés-grand bonheur pour ce Royaume et pour vous mesme, Sire, qu'on n'en eust pas tant eu de connoissance, et qu'on ne les eust pas tant ressenties, comme l'histoire de vostre injuste Gouvernement le fait voir, et ne l'a que trop faict paroistre.

L'affaire, Sire, à laquelle nous sommes maintenant employés par le commandement de la Cour Souveraine ç'a esté et est encore à present de vous examiner et juger pour ces grandes offences, que vous avés commises. On vous a chargé, Sire, d'estre un Tyran, un Traître, un Meurtrier et l'Ennemi public de l'Estat d'Angleterre : Il eust esté à desirer que nous n'eussions point eu besoin d'user de tous ces termes, voire d'aucun d'iceux.

Le Roy. Ha !

Le Présid. Certes, Sire, nous avons appris que *celui qui gouverne bien ses Sujets est appellé leur Roy, et cestuy là Tyran qui opprime son peuple par la force.* Or, si c'est là la definition d'un Tyran, voyés comme elle vous convient par vos actions, et si vous n'estes pas un trés-grand Tyran par la procédure, que avés tenue, en établissant un gouvernement arbitraire, pour lequel introduire vous avés tout ce temps employé la force des Armes pour contraindre vos Peuples de s'y soumettre ; Considerés aussy si toutes vos actions n'ont pas esté d'aussy hauts faicts de tyrannie, qu'aucunes de celles dont vos predecesseurs ont esté coupables, voire mesme beaucoup au-delà.

Nous ne pouvons pas plus, Sire, vous dispenser du mot de traistre, et ferons voir, que vous l'avés bien merité : Il denote une personne qui a trahy la foy et confiance reposée sur elle, et l'on doit supposer, que cela s'est faict envers un Superieur : Et pourtant, Sire, comme le Peuple d'Angleterre auroit commis la mesme offence contre vous, s'il s'en estoit rendu coulpable selon la definition de la Loy, aussy de vostre part quand vous avés faulsé la foy publique et trompé la confiance qu'il avoit reposée sur vous, vous avés faulsé la foy à vos Superieurs, car c'estoit pour le bien du royaume qu'on vous avoit confié ce pouvoir ; Et pourtant, Sire, lors qu'on vous appelle à rendre compte pour avoir faulsé vostre foy au public, et abusé de ce pouvoir, qui avoit esté mis en dépost en vos mains, cela se fait par l'authorité de vos Superieurs. *Quand le Peuple appelle un Roy en jugement, il devient le moindre , et celuy à qui il doit rendr compte est plus grand que luy.* Et certes Sire , le Peuple d'Angleterre voyant qu Dieu a travaillé si miraculeusement , e si glorieusement pour sa delivrance , e ayant recouvré avec tant de sueur et d sang respandu le pouvoir duquel il s'e toit dessaisy , ayant son plus grand en nemy en ses mains , il ne peut pas te lement perdre le soin de sa propre con servation , que de ne se rendre pas l justice à soy mesme , et de ne la pa faire de vostre personne. La Cour sou haite de bon cœur ; Sire , que vou veuillés mettre la main sur la conscience et considerer serieusement les offences qu vous avés commises, afin que vous taschie de faire vostre paix avec Dieu : Certes Sire , la tyrannie , et la trahison sont de grands et hauts crimes.

Il y en a encore un troisieme outr ceux là , qui est le meurtre , de quoy vou estes aussy chargé en vostre accusation. Tous ces meurtres sanglans , qui ont est commis depuis le temps que la divisio a commencé entre vous et vos peuples vous doivent estre imputés ; et mis à vostre compte , voire mesme tous ceux qui se sont faicts et commis en ces dernieres guerres. Ce sont des pechés fort esnormes , Sire , et qui crient vengeance contre vous. Et certes , si on nous demande , Sire , quelle punition merite un meurtrier , nous renvoyerons aux Loix Divines et Humaines pour les consulter là dessus. Je vous croy , Sire , si bien versé en l'escriture , que vous savés , que ce que Dieu a luy mesme prononcé au 9e. de la Genese , et au 35e. des Nombres, contre l'effusion de ce sang , vous dira quelle en est la punition ; sur-tout contre l'effusion de ce sang innocent que vous avés si abondamment respandu , de quoi cette cour au nom de tout le royaume est fort sensiblement touchée , et duquel en effect *le Pays est* encore à present *Souillé* , *ne pouvant pas* comme le Texte porte , *en estre purgé* , *qu'en respandant* aussi *le sang de celui qui l'a respandu.* Nous ne voyons pas , Sire , qu'il y ait aucune dispensation pour l'effusion de ce sang innocent en ce commandement, *Tu ne tueras point* : Nous ne remarquerons pas qu'il comprenne aussy bien les Roys, que les moindres Paysans, et les plus contemptibles Sujets; car il est general; Les Loix Divines et Humaines le defendent esgalement, Et, Sire, nous ne voyons pas qu'il y ait pour vous, non pas mesme en pas une des Loix Humaines, aucune exception, ny exemption de la punition du meurtre, si vous l'avés commis. Il est bien vray qu'en cás de Roys, il n'est pas permis à chasque particulier de mettre la main à les reformer et punir; Mais, Sire, ce corps qui represente tout le peuple, ayant l'authorité qu'il a, n'eussiés vous commis qu'un seul meurtre volontairement, a le pouvoir et le droit de vous faire venir à jugement, et de le faire executer sur vostre Personne pour l'expier. Et pourtant, Sire, le grand faict duquel vous estes chargé à ces esgards susmentionnés, à cause de vos tyrannies, vos trahisons et faulsement de la foy Publique, en abusant de la confiance reposée sur vous, et pour tant de meurtres que

vous

vous ayés commis, vous doit jetter dans des forts tristes apprehensions touchant vostre condition Eternelle ; comme je vous l'ay desja representé ; Je say bien qu'il vous fasche d'ouir de telles choses, que celles, qu'on vous dit de la part de la Cour : Car c'est là, Sire, la qualité que nous prenons ; et nous recognoissons estre une Haute Cour de Justice, qui tire son authorité de la plus Haute et Souveraine du Royaume, comme on vous l'a desja plusieurs fois repeté : Et quoy que vous fassiés encore maintenant vostre possible pour nous disputer nostre authorité, et pour tascher de faire voir que nous ne sommes pas une Cour de Justice : Nous nous recognoissons toutesfois en estre une, laquelle a le pouvoir de vous faire vostre Procés, ce que nous nous tenons estre obligés de faire pour nous acquitter de nostre devoir. Ce que j'ay de plus à vous dire, Sire, avant qu'on prononce vostre Sentence, c'est que la Cour souhaite de bon coeur que vous veuillés penser serieusement à ces crimes, dont vous estes coupable. Vous nous distes l'autre jour fort à propos, que vous souhaitiés que nous eussions Dieu devant les yeux; Et certes, Sire, j'espère aussy que nous l'y avons eu, voire ce Dieu, que nous congnoissons estre le Roy des Roys, et Seigneur des Seigneurs, ce Dieu, lequel n'a point d'esgard à la qualité des personnes, et ce Dieu, qui est le vengeur de l'effusion du sang innocent; C'est ce Dieu là que nous avons devant nos yeux, ce Dieu, qui maudit ceux, qui refusent d'estendre la main pour répandre le sang des cruels meurtriers, qui sont coulpables de la mort, nous avons ce Dieu là devant les yeux; Et si la conscience de nostre devoir, ne nous avoit fait venir ici, et prendre cet employ, vous n'y verriés pas à present cette Cour assemblée. Mais, Sire, nous devons avoir plus d'esgards à l'acquit de nostre devoir envers Dieu, pour le bien du Royaume, qu'à aucune autre chose; Et encore que tout ce temps-cy plusieurs, et peut estre un chacun de nous, soyons dangereusement menacés par quelques-uns de vostre Party de ce qu'ils ont dessein de faire: Neantmoins, Sire, nous declarons icy, que nous ne craindrons point de nous acquitter de nostre devoir en rendant la Justice, voire mesme contre vostre Personne, selon le merite de vos offenses, quand Dieu devroit permettre, que ces gens là peussent executer les desseins cruels et sanglans, qu'ils ont complottés contre nous; Nous dirons, Sire, et nous declarerons, que comme ces enfans, qui furent jettés dans la fournaise ardente pour ne vouloir pas adorer la Statue d'or que Nebucadnetsar avoit dressée, disoient que leur Dieu estoit puissant pour les delivrer du danger, duquel ils estoient menacés, et que s'il ne le vouloit faire, ils ne s'inclineroient pas pour adorer l'Image: Aussy en nous appliquant leur exemple, quoy que nous deussions tomber en ces mains sanguinaires, qui conspirent la ruine entiere de tout le Royaume, et la nostre particuliere pendant que nous travaillons à ce grand oeuvre de Justice, nous declarons que nostre Dieu est puissant pour nous delivrer de leur rage, et que si nous devions perir en faisant nostre devoir, toutes fois par la grace de Dieu, et par la force de son Esprit nous l'acheverons ; que c'est là nostre resolution à tous. Je encore, Sire, pour vostre interest parti lier, que nous souhaitons de bon coe qu'il plaise à Dieu de vous donner vray ressentiment de vos pechés, afin q recognoissant en quoy vous l'avés offen vous puissiés tellement crier à luy, q vous pardonne cette grande effusion sang, de laquelle vous estes coulpab Un bon Roy se trouvant une fois co pable de ce crime, mais une seule fo et un bon Roy sans le peché d'Urie : L'h toire nous apprend, Sire, qu'il s'en pentit, et nous fait assés voir qu'il auroit esté puny de mort, si Dieu n'e accepté sa repentance, et ne luy e octroyé son pardon : *Tu ne mourras p mais l'enfant mourra ; pour ce que as donné sujet aux ennemis de Dieu blasphemer.* Je ne vous en dirai pas d vantage. —

Le Roy. Je desire de dire seuleme un mot avant que vous donniés Sentenc qui est, que vous veuillés m'entend sur ces vilaines imputations desquell vous me chargés.

Le Presid. Sire, vous me devés laisser continuer, car je ne suis pas loin de vostre Sentence, et vostre temps de parler est passé.

Le Roy. Mais je desire que vous me veuillés entendre en peu de paroles là dessus, car certes quelque Sentence que vous prononciés contre moy, elle ne me pesera rien, au prix de ces pesantes imputations, que je voy que vous avés mises sur moi en votre discours. Monsieur, il est bien vrai que. ——

Le Presid. Sire, il faut que je vous fasse souvenir, (quoy que je ne sois pas bien aise de vous interrompre, sur tout à cette heure-cy, en aucune chose que vous ayés à dire, et que nous puissions recevoir,) que vous n'avés pas voulu recognoistre la Cour, et que vous nous avés estimés comme une Assemblée de personnes fort contemptibles : Et que nous savons bien aussy de quelle façon vostre party parle de nous.

Le Roy. Je ne le say pas.

Le Presid. Vous ne voulés pas recognoistre la Cour, et pourtant de vous

adresser à nous , sans advouer que no
sommes une Cour de Justice , capal
de juger de ce que vous dites , cela
vous peut pas estre permis ; Et en effe
dés la premiere fois que vous n'avés p
voulu recognoistre la Cour , elle pouv
vous refuser d'ouïr plus aucune parole
vostre part, Car ne la recognoissant pa
il ne vous appartenoit pas de parler
Nous vous avons donné trop de libert
et vous avons permis d'apporter trop
delays à la Justice , Nous ne le devo
plus permettre : Si nous le pouvions fair
nous vous laisserions parler en toute
berté , et ne vous aurions pas refusé de vo
entendre plus au long en vostre discou
sur les choses que vous auriés peu all
guer , ou prouver en votre defense po
vous purger entierement , ou en part
de ces crimes esnormes qui vous sont in
putés en general et en particulier ; Mai
Sire , je ne vous tiendray pas plus lo
temps en mon discours , vos pechés so
en si grand nombre, que si vous y voul
penser serieusement, cette pensée ne pe
que vous esmouvoir puissamment ,

vous jetter dans une triste et serieuse repentance ; C'est ce que la Cour desire fort, et que vous ayés un tel ressentiment des maux que vous avés commis, que Dieu puisse avoir mercy, au moins de vostre plus noble partie ; Quant à l'autre, Sire, c'est nostre charge et nostre devoir ce que Loix ordonnent. Nous ne sommes pas icy assemblés pour *faire des Loix*, mais pour *juger selon les Loix* ; Et nous ne pouvons que nous ne nous ressouvenions de ce que l'Escriture nous dit, qu'*absouldre le coupable est une abomination esgale à celle de condamner l'innocent*. Nous ne pouvons absculdre le coulpable, et pourtant vous entendrés, qu'on vous prononcera la mesme Sentence, que les Loix ordonnent à l'encontre d'un Tyran, d'un Traistre, d'un Meurtrier, et de l'Ennemy Public du Pays ; Et c'est là la Sentence de la Cour ».

J'étois immobile depuis assez long-tems devant les restes de la statue de Charles Stuart, placée dans la même rue où il eut la tête tranchée. Un anglois s'arrêta près de moi ; il ne pouvoit se lasser de regarder l'*étranger* qui *étudioit* si attentivement la figure d'un roi *qui fut décapité* : enfin il me montra du doigt les débris du piédestal que je ne regardois pas.

L'*étranger*. What ? *Quoi* ?

L'*anglois*. Thirsty yet. *Encore soif* ! Et il s'en alla. —

Je regardai encore ; mais ne pouvant plus rien voir à cette place, que le doigt indicateur de mon homme, je m'en allai à quelque pas de-là dans le parc Saint-James, ruminer sa figure, et son accent, et ses gestes.

Ce pouvoit être un Brutus ; mais j'eus beau le rappeller tout entier à mon souvenir, j'eus beau caresser mes espérances, me réjouir d'avoir rencontré un homme ; en somme totale, je n'y trouvai qu'un homme féroce, et j'appris bientôt que cet *encore soif*, qui m'avoit paru si étonnant dans mon *anglois*, n'étoit qu'un *dictum* vulgaire, souvent répété aux pieds de la statue de Charles Stuart : *Ces pierres teintes du sang d'un roi ont encore soif du sang d'un roi.*

C'est un mot cruel, qui avance peu les affaires ; voyons où nous en sommes à Paris, car à Londres on m'y paroît bien loin de la liberté et de l'égalité !

Olivier Cromwell a fait tomber la tête de Charles Stuart, au grand plaisir des Anglois, et s'est mis ensuite à sa place, encore au grand plaisir des Anglois. La tête d'un roi, qui n'étoit pas, à beaucoup près, si méprisable et si coupable que Louis le Traître, est tombée à Londres ; mais son image est encore debout à Londres, la royauté est encore debout à Londres !

A Paris, Louis le traître et son fils, plutôt oubliés que déposés, sont à peine enfermés dans une maison de correction : le traître mange et boit à son loisir ; mais allez vous lamenter, je vous prie, sur le renversement de la statue de Henri IV, ils vous répondront avec humanité que vous avez tort de vous persuader qu'on a fait injure à votre ami Henri IV.

De quoi vous affligez-vous ?

Ce bon Henri, ce brave Henri IV, *le seul roi dont le peuple ait gardé la mémoire* !

Mais ce n'est pas là le bon Henri qui est par terre ?

Qui donc ?

C'est Louis XVII !

Et tout le monde s'en va content; l'affligé même va jusqu'à se rappeller que ce bon Henri, qu'il adoroit, sans trop savoir pourquoi, a fait le code des chasses !

C'est dans les annales de notre Europe, et non dans les faits qui nous sont personnels, que vous devez tous vous convaincre de la nécessité de délivrer la terre du fléau des rois et des dictateurs, toujours parjures, toujours altérés de sang, la cause éternelle de la ruine des empires; qui ont dégradé l'homme, qui l'ont avili !

Cette livraison nouvelle est, ce me semble, un ouvrage important contre les *rois parjures;* ouvrage écrit il y a six ans, et imprimé en 1789. Les notes que j'y ajoutois, sans doute, pendant la convocation des états-généraux, n'ont pas peu contribué à tous les obstacles qui m'ont empêché, depuis quatre ans, de le mettre au jour. Enfin j'ai obtenu une partie des feuilles imprimées, et quelques *épreuves* de feuilles non tirées, et quelques feuillets qui manquoient à un dernier chapitre. Je n'attendrai point que j'aie pu grossir le volume; il contient assez de faits décisifs, et il s'agit de porter sur l'heure le dernier coup à la tyrannie.

Dans les deux volumes qui formoient la première livraison de l'*histoire de l'Europe moderne*, j'avois choisi pour époque de cette livraison le 19 juin 1215, où Jean Sans-Terre avoit été forcé de signer la grande charte des Anglois. Dans cette nouvelle livraison, d'un volume seulement, vous y verrez ce roi Jean, ce roi parjure, qui, forcé de sceller la grande charte de la liberté angloise, et les réglemens qu'on croyoit nécessaires pour en assurer l'exécution, parut enfin se soumettre, sans trop de répugnance, au joug respectable qu'un peuple généreux savoit imposer à son chef pour le bonheur commun.

Le parjure alla même plus loin qu'on eût osé l'espérer. Il congédia son armée, et promit que son gouvernement seroit aussi doux qu'on pouvoit le désirer. Mais le tigre n'attendoit que le moment de la confiance pour dévorer ses gardes endormis. Il dépêchoit secrètement des émissaires pour enrôler des automates étrangers, et le tyran jeta le masque, et il revint sur tout ce qu'il avoit fait. L'Angleterre fut inondée de sang. Un parti puissant offrit la couronne au fils aîné de Philippe-Auguste, roi de France; d'autres se rallièrent aux doux noms de patrie et d'indépendance, s'opposant de tout leur courage aux inconvéniens d'une domination étrangère.

Bientôt Henri III, Henri le parjure, qui avoit promis, foi d'homme, foi de chevalier, et foi de roi couronné et sacré, ne tarda pas à oublier ses promesses solemnelles. Vous y verrez les efforts d'un grand homme pour sauver son pays, pour convoquer des *assemblées nationales*, et comment il fut tenté d'envahir la tyrannie contre laquelle seulement il disoit avoir pris les armes.

La France, toujours grande et généreuse en ces momens décisifs, loin de tirer avantage des troubles de l'Angleterre, et de chasser des voisins dangereux des fertiles contrées qu'ils possédoient sur le continent, refuse de la main de Grégoire la couronne d'Angleterre offerte à un *comte d'Artois*, frère de Louis IX ; exemple sublime de désintéressement, qui eut à l'instant sa récompense. La grande Bretagne nomma un roi de France pour être son juge, et il ne sacrifia point au pouvoir arbitraire les intérêts du peuple Anglois. Il voulut qu'il ne fût permis à personne d'envahir ses priviléges, ou de violer sa grande charte.

L'Espagne et ses vingt rois, et leurs guerres civiles, vous feront penser juste de la royauté.

Vous retrouverez votre propre histoire dans la création de la chambre des communes, sous Leicestre, jusqu'à son établissement parfait et constitutionnel sous Edouard Ier., nom exécrable, et qui cependant, forcé plusieurs fois de céder à la volonté nationale, a donné de grands exemples de justice. Dénoncez Brunswick aux nations. Un roi de France a bien cité devant ses pairs, comme son vassal, cet Edouard, qui faisoit trembler l'Europe alarmée, et l'a déclaré coupable de félonie.

Le peuple en Angleterre, après tant de travaux mémorables, soumet un roi parjure. Ces représentans, qui avoient à peine le droit de sanctionner par *oui* et par *non* seulement, les édits d'un roi, sollicités tour-à-tour par des rois ambitieux et des seigneurs indisciplinables, se formèrent peu-à-peu à un grand coup-d'œil politique; ils trouvèrent dans la lutte des partis des moyens nouveaux et faciles de se soustraire à la fois aux caprices des tyrans, et à l'anarchie des grands seigneurs. Imitez ces premiers représentans du peuple!

Ce qui enflammera votre ardeur, c'est le courage de trois hommes libres, qui formèrent le projet de délivrer leur pays de la domination autrichienne. Chacun d'eux se procura trois associés fidèles et sûrs; et ces douze illustres patriotes que des historiens esclaves flétrissent toujours du nom de conjurés, achevèrent leur entreprise, sans qu'il en coûtât la vie à un seul homme.

Et après avoir chassé leurs oppresseurs, ils commencèrent une confédération solemnelle, où tous les habitans, jusqu'aux femmes et aux enfans, promirent de verser jusqu'à la dernière goutte de leur sang pour la cause commune, et ils tinrent parole, dans plus de soixante combats livrés aux Autrichiens.

Descendans de Guillaume-Tell, souvenez-vous à jamais de vos entreprises courageuses, de ce tyran autrichien, qui se préparoit à vous accabler de toutes ses forces réunies, et qui fut assassiné, pour l'instruction des rois parjures, au milieu de sa cour et de son armée, et à vos portes, sur les bords de la rivière Pruss; et dans la Suisse, un nouveau gouvernement fit changer de face à la nature; un terrain sec, rude, négligé sous des tyrans durs et cruels, devint tout-à-coup fertile et riant: dès qu'il fut cultivé par des mains libres, on le vit tout chargé de fleurs, de fruits et de moissons.

C'est la cause du genre humain, portée,

pour la première fois, au tribunal des nations. O, mes amis, ne désespérez jamais de la chose publique! Formons un peuple libre, une nation libre ; c'est là divinité toute-puissante, promise à la terre. C'est le Dieu-sauveur qui punira les superbes. O peuple libre!

Que peuvent contre lui tous les rois de la terre?
En vain ils s'uniroient pour lui faire la guerre ;
Pour dissiper leur ligue *il n'a qu'à se montrer.*
Qu'il parle, et dans la poudre il les fait tous rentrer
Au seul son de sa voix le despotisme tremble ;
Il voit comme un néant tous les tyrans ensemble;
Et vos superbes rois, et tous vos potentats,
Sont tous devant ses yeux comme s'ils n'étoient pas

HISTOIRE
DE
L'EUROPE MODERNE.

PREMIÈRE PARTIE.

De la naissance des Royaumes modernes, jusqu'à la paix de Westphalie, en 1648.

CHAPITRE XXXII.

L'Empire d'Allemagne et ses dépendances, Rome et les Etats Italiens, depuis l'avènement de Henri VI, jusqu'à l'élection de Rodolphe de Hapsbourg, fondateur de la Maison d'Autriche, avec une continuation de l'Histoire des Croisades.

J'AI à retracer ici des époques intéressantes, et à les présenter dans un seul tableau, où l'on puisse, à loisir, se promener, toujours sur un vaste théâtre : Chapitre XXXII.

Part. I. enfin, j'ai à former des scènes qui s'enchaînent à un grand ensemble; je suis loin de me flatter d'y réussir. Sous la plume élégante et facile de Voltaire, cette récapitulation importante est semée de saillies aimables et ingénieuses : mais ce grand Maître dans l'art d'écrire, ne lui a donné cependant ni la clarté nécessaire à des élémens historiques, ni la majesté d'une Histoire générale. C'est dire combien j'ai de titres à l'indulgence.

Henri VI, surnommé le Sévère, fils de l'Empereur Frédéric Barbe-rousse, moissonné au milieu de ses victoires sur les bords du Cydnus, apprit en Allemagne,
A. D. 1190. presque au même instant, la mort de son père et celle de son beau-frère Guillaume, Roi de Naples et de Sicile, dont il étoit l'héritier par les droits de la Princesse Constance, son épouse. Après avoir mis ordre aux affaires de l'Empire, il leva une armée, et marcha vers l'Italie pour s'y faire couronner par le Pape, et aller ensuite recouvrer la succession de la Sicile, usurpée par Tancrède, frère naturel de

l'Impératrice. Il partit accompagné de Constance, seule héritière légitime des Princes Normans; et s'efforça, pendant sa route, de se concilier l'affection des Lombards, en augmentant les priviléges de Gènes, de Pise, et d'autres villes Italiennes. Arrivé à Rome, le Pape Célestin III, le lendemain de Pâques, procéda à la cérémonie du couronnement, qui fut suivie d'un événement remarquable. Ce Pape, qui étoit alors dans sa quatre-vingt-sixième année, n'eut pas plutôt placé la couronne sur la tête de Henri, qu'il la renversa à terre; voulant dire, par cette insulte, que le Souverain Pontife pouvoit, à son gré, créer et déposer les Empereurs. Ce fait, attesté par les Ecrivains contemporains, a été rejeté par quelques modernes comme invraisemblable; étrange manière d'écrire l'Histoire [1]!

Chapitre XXXII.

A.D. 1191.

Henri, couronné Empereur, se prépara à la conquête de la Sicile et de Naples;

[1] R. Hoveden. *Annal.* Heiss. lib. II.

Part. I.

A. D. 1191.

le Pape Célestin lui suscita de terribles obstacles : car quoique ce vieillard regardât Tancrède comme un usurpateur, et qu'il eût grande envie de lui ôter la couronne de Sicile, qu'à l'exemple des Pontifes, ses prédécesseurs, il réclamoit comme un fief du Saint-Siége, il craignoit encore plus que l'Empereur d'Allemagne ne possédât ce Royaume : persuadé qu'une telle augmentation de territoire le rendroit trop puissant en Italie, et mettroit en danger les priviléges de l'Eglise. En un mot, Célestin redoutoit l'aggrandissement de son vassal. Toutefois Henri, sans aucun égard aux menaces et aux remontrances de sa Sainteté, s'empara de presque toutes les villes de la Campanie, de la Pouille et de la Calabre; il investit Naples, et appela à son secours la flotte des Génois, qu'il avoit engagée à former le blocus du côté de la mer; mais avant l'arrivée de la flotte auxiliaire, il fut obligé de lever le siége, à cause d'une effrayante mortalité qui se mit dans son armée; et toutes les tentatives qu'il fit dans la suite sur le Royaume de Naples et de Sicile, furent infructueuses, tant que vécut l'Usurpateur [a]. Chapitre XXXII.

De retour en Allemagne, l'Empereur incorpora les Chevaliers Teutoniques dans un ordre régulier, religieux et militaire, et leur bâtit une maison à Coblentz. Ces Chevaliers Teutoniques et aussi les Chevaliers du Temple, et les Chevaliers Hospitaliers, étoient, dans l'origine, une association de frères, qui vinrent s'établir à Jérusalem quand elle fut prise, pour la première fois, par les Croisés. Ils y formèrent des fraternités religieuses, pour secourir les pélerins malheureux, soigner des malades et guérir les blessés, sans aucun dessein d'hostilité. Mais la Cité Sainte s'étant trouvée ensuite en danger, ils prirent les armes, et firent vœu de combattre les ennemis de l'Etat. Quoique leurs Chefs fussent très-éclairés, et conséquemment tolérans et humains, il fallut, à cause des mœurs du siècle, céder beaucoup au fanatisme général, et compter un A. D. 1192.

a Sigon. *Reg. Ital.* lib. XV.

Part. I. grand nombre de frères seulement en

A. D. 1192. état de porter les armes : bientôt ils acquirent des richesses et de la gloire ; différens Princes de l'Europe les protégèrent ; ce fut une armée de conquérans [3].

Dès que l'Empereur Henri VI eût reçu la rançon de Richard Cœur de Lion, Roi d'Angleterre, qui lui avoit été si lâchement vendu par Léopold, Duc d'Autriche, il commença de nouveaux préparatifs pour conquérir la Sicile. Tancrède venoit

A. D. 1194. de mourir ; il fut aidé par les Génois, il acheva son entreprise. La Reine douairière lui ouvrit les portes de Salerne, et céda son droit à la couronne, à condition que son fils Guillaume auroit la Principauté de Tarente ; mais une fois maître de la place, Henri, joignant la plus lâche perfidie à une cruauté atroce, ordonne d'arracher le foible enfant de son rival, des bras de sa mère éplorée ; on le fait eunuque, on lui crève les yeux, on le jette chargé de fers dans une prison. Le

3. Helyot, *Hist.* des Ordres.

trésor-royal fut transporté en Allemagne, et l'on enferma la Reine et ses filles dans un couvent en Alsace [4]. Chapitre XXXII.

Cependant, l'Impératrice Constance, quoique bientôt âgée de cinquante ans, accoucha heureusement d'un fils nommé Frédéric. Peu de tems après, Henri son père, qui, dans l'ivresse de sa puissance, ne connoissoit plus d'obstacles à ses desirs, assembla une diète des Princes Allemands, et leur expliqua le projet qu'il avoit formé de rendre la couronne Impériale héréditaire, pour éviter, leur disoit-il, les troubles qui accompagnoient toujours l'élection des Empereurs. En conséquence, les Electeurs intimidés, renonçant à un droit légitime, la sauve-garde de leurs libertés, accordèrent à l'Empereur ce qu'il demandoit, et Frédéric II, encore au berceau, fut déclaré Roi des Romains [5]. A. D. 1196.

Bientôt l'Empereur fut sollicité par le Pape à entreprendre une nouvelle Croi-

4 Sigon. *Reg. Ital.* Relius, *de Reg. Napol. et Sicil.*
5 Lunig. *Arch. Imp.* Heiss. lib. II.

Part. I. sade pour délivrer les Chrétiens d'Orient

A. D. 1196. Henri obéit au Pape, mais il eut soin d faire tourner cette Croisade à son avan tage. Il convoqua une diète générale Worms, où il déclara solemnellement s résolution d'employer toute sa puissance et même de hasarder sa vie pour accom plir une entreprise aussi méritoire, e qu'on appeloit toujours sainte, malgré le crimes et les cruautés qu'elle rendoit né cessaires. Il parla de cette nouvelle Croi sade avec tant de politique et de ruse que toute l'assemblée prit la croix : de toutes les provinces de l'Empire une s grande multitude vint se ranger sous l'é tendard sacré, que Henri les divisa en trois grandes armées ; l'une, sous le com mandement de l'Evêque de Mayence, prit la route de la Hongrie, où elle fut jointe par Marguerite, Reine de ce pays, qui s'étoit aussi croisée pieusement, et qui alloit finir ses jours dans la Palestine. La seconde armée s'asembla dans la basse-Saxe, et s'embarqua sur une flotte qui fut équippée par les habitans de Lubeck, de Hambourg, du Holstein et de la Frise.

Chapitre XXXII. A. D. 1196.

L'Empereur, en personne, conduisit la troisième en Italie, pour y prendre vengeance des Normans de Naples et de Sicile, qui s'étoient révoltés contre son Gouvernement despotique [6].

Les rebelles furent humiliés, et leurs Chefs condamnés aux plus douloureux supplices. Un Prince Jornandi, de l'ancienne famille des Rois Normans, fut assis nu sur un fauteuil de fer ardent; on le couronna aussi d'un fer rouge, qui lui fut attaché sur la tête avec des clous qu'on y enfonça. L'Impératrice révoltée de tant de cruauté, exercée sur tous les restes de sa famille, renonça l'Empereur pour son époux, et encouragea les Siciliens à recouvrer leur liberté. Ils prirent les armes en désespérés: Constance se mit à leur tête: Henri, qui, ne croyant plus ses troupes nécessaires à ses fureurs, les avoit envoyées poursuivre leur Croisade, pour expier ses crimes et les leurs, fut contraint de se soumettre à sa femme, et aux

[6] Giannone, *Hist. di Nap.*

Part. I. conditions qu'elle prit plaisir à lui im
A. D. 1197 poser en faveur des Siciliens. Bientô
après ce traité, il mourut à Messine : o
suppose qu'il y fut empoisonné par l'Im
pératrice, qui voyoit son cœur perfid
et vindicatif machiner la ruine de s
Patrie 7.

Cet Henri VI, malgré ses perfidies, se
bassesses, ses cruautés et son avarice
eut cependant l'énergie et les qualités d'u
tyran déterminé à tout assservir : il éto
actif, quelquefois éloquent, toujours in
trépide. Son gouvernement eut de la v
gueur; sa politique étoit profonde : il n'eu
point ces vertus aimables, qui gagner
les cœurs ; mais aucun des successeurs d
Charlemagne ne fut mieux obéi, ni plu
craint de ses sujets et de ses voisins.

Frédéric II, fils de Henri VI, ayai
été déja déclaré Roi des Romains, devi
Empereur à la mort de son père : ma
comme il étoit encore mineur, la régenc

7 Id. ibid. Relius, ubi sup.

Chapitre XXVII.

fut confiée à son oncle Philippe, Duc de Souabe, par le testament de Henri et par une assemblée de Princes Allemands. D'autres Princes cependant, irrités de voir qu'un Empire électif devenoit héréditaire, tinrent une nouvelle diète à Cologne, et choisirent pour Empereur Othon de Brunswick, fils de Henri le Lion. Le titre de Frédéric fut confirmé dans une troisième assemblée à Arnsbourg; et son oncle Philippe fut élu Roi des Romains, pour donner plus de dignité à sa Régence [8]. A.D. 1198.

Ces deux élections divisèrent l'Empire en deux factions puissantes; l'Allemagne fut désolée. Innocent III, fils d'un Gentilhomme d'Agnani, venoit de succéder au Pape Célestin III; c'étoit toute l'ame de Grégoire VII, avec un génie encore plus féroce. On lui doit l'Inquisition; c'est lui qui créa des Moines mendians qu'il répandoit dans toute l'Europe, pour être ses espions auprès des Grands et du Peuple; grâce au tribunal de la pénitence,

[8] Krantz, lib. VIII. Heiss, lib. II.

Part. I. encore une invention Pontificale. Ce Pape
A. D. 1198. ambitieux se rangea du parti d'Othon, excommunia Philippe, Régent de l'Empire et Roi des Romains, avec tous ses Partisans. Ce détestable fondateur d'un tribunal de sang, et d'un corps infame d'espions vendus à sa politique, étoit l'ennemi juré de la maison de Souabe, dont la noble fierté avoit toujours repoussé un joug ignominieux. Cette illustre maison avoit été long-tems formidable aux Papes, par sa possession non-interrompue de la couronne Impériale; et le Royaume de Naples et de Sicile, qu'elle venoit d'acquérir, la rendoit encore plus à craindre. Le Pontife prévoyant, et attentif à ne lancer au loin ses foudres, que lorsqu'il avoit lieu d'espérer qu'elles ne tomberoient point en vain, s'efforça de chasser du trône Impérial la maison de Souabe, en supportant l'élection d'Othon, et semant la discorde dans le parti de son rival. Othon fut encore protégé par son oncle Jean, Roi d'Angleterre; circonstance qui fit pencher naturellement Philippe Auguste, Roi de France

France, du côté de Frédéric II; on ne vit plus alors que les horreurs et les calamités des guerres civiles 9.

Cependant l'Impératrice Constance, veuve de Henri VI, restoit en Sicile où tout étoit en paix, comme régente et tutrice de Frédéric II, son fils, encore enfant, qui avoit été couronné Roi de cette isle, avec le consentement du Pape Célestin III: mais elle eut aussi des troubles à essuyer. Une nouvelle investiture de la part du Saint-Siége étant nécessaire après la mort de Célestin, Innocent III, son successeur, n'oublia point de tirer quelque avantage de la situation critique des affaires, pour agrandir la Papauté aux dépens des Rois de Sicile. Guillaume I, Roi de cette isle, avoit forcé le Pape Adrien IV de lui accorder le privilége de remplir les bénéfices vacans, et de juger, en dernier ressort, toutes les causes ecclésiastiques. Ces Rois étoient véritablement Papes dans leur isle, quoique vassaux de Sa Sainteté.

9 Id. ibid. *Annal. de l'Emp. tom. I.*

Part. I. Innocent prétendit que ces priviléges
A. D. 1198. avoient été arrachés par surprise ; il exigea que l'Impératrice y renonçât au nom de son fils, et qu'elle le rendît son homme-lige, par un hommage pur et simple de la Sicile. Mais avant qu'on eût rien accordé de relatif à cette affaire, l'Impératrice
A. D. 1200. mourut, laissant la régence du Royaume de Sicile au Pape, qui fut alors en état de prescrire au jeune Frédéric toutes les conditions qu'il jugeoit utiles à ses desseins [10].

Les troubles de l'Allemagne continuoient toujours : le Pape redoubla ses efforts pour détacher les Princes et les Evêques de la cause de Philippe, Roi des Romains, malgré les remontrances de Philippe Auguste. Innocent répondit insolemment au Roi de France, qui lui parloit en faveur du Roi des Romains : « Philippe perdra l'Empire, ou moi la Papauté [11]. »

10 Murat. *Antiq. Ital.* tom. VI.
11 *Gest. Innocent. III.*

Chapitre XXXII.

Toutes ces factions et ces troubles, dans l'Europe, n'empêchèrent point de se former une autre Croisade pour la délivrance de la Terre-Sainte. Les aventuriers qui prirent la croix, furent principalement des François et des Allemands. Baudouin, Comte de Flandres, étoit leur Chef; et les Vénitiens, aussi avides de richesses et de pouvoir que les anciens Carthaginois, leur fournirent des vaisseaux, qu'ils eurent l'adresse de se faire largement payer en argent et en terres. Zara, ville chrétienne, en Dalmatie, s'étoit détachée du gouvernement de la République; les Croisés commencèrent par essayer de la réduire à l'obéissance. Malgré les menaces et les excommunications du Pape, Zara fut assiégée et prise [12]; ce qui fait assez A. D. 1203. connoître que la seule espérance du pillage étoit le véritable motif, le *Saint-Esprit*, qui animoit les pieux Croisés.

L'orage fondit ensuite sur Constantinople. L'Empereur Grec, Isaac l'Ange, y avoit été détrôné et privé de la vue par

12 Maimbourg, *Hist. des Crois.*

Part. I.

A. D. 1203.

son frère Alexis, qui le retenoit dans les fers. Le fils d'Isaac, nommé aussi Alexis, qui s'étoit sauvé en Allemagne, et qui se trouvoit alors dans l'armée des Croisés, implora le secours des Chefs contre l'Usurpateur : s'engageant, en cas de succès, à leur fournir des provisions, à leur payer une grosse somme d'argent, et à se soumettre à la juridiction du Pape. Les Croisés délivrent Isaac l'Ange, et rendent à ce vieillard l'Empire de Constantinople, qu'il partage avec son fils : il ratifie le traité. Isaac meurt. Le jeune Alexis, détesté des Grecs pour avoir appelé les Latins à Constantinople, fut immolé par une nouvelle faction. Un de ses parens, surnommé Murtzufle, l'étrangla de ses mains, et usurpa le trône Impérial [13].

Baudouin et les autres Croisés, qui ne cherchoient qu'un motif pour autoriser leurs brigandages, profitèrent avidement de cette conjoncture ; et, sous le

[13] Nicetas, *Chron.*

prétexte de venger la mort d'Alexis, ils se rendirent maîtres de Constantinople ; ils y entrèrent presque sans effort ; et livrant à la fureur du glaive tout ce qui osoit leur résister, ils s'abandonnèrent aux excès les plus atroces. Le seul butin des Seigneurs François fut évalué quatre cents mille marcs d'argent : on vola jusqu'aux Eglises. Et ce qui montre que le caractère de la Nation Françoise fut toujours à-peu-près le même, les Officiers François dansèrent avec les femmes dans le sanctuaire de l'Eglise de Sainte Sophie, après avoir pillé l'autel, et noyé la ville dans le sang [14].

Chapitre XXXII.

A. D. 1204.

Ainsi Constantinople, une ville chrétienne, la plus florissante du monde, fut prise et saccagée, pour la première fois, par des Chrétiens qui avoient fait vœu de ne combattre que des Infidèles. Baudouin, Comte de Flandres, le plus puissant de ces généreux Croisés, se fit

14 Id. Ibid. *Essai sur les Mœurs et l'Esprit des Nations*, Chap. LVII.

Part. I. élire Empereur de Constantinople ; et
A. D. 1204. ce nouvel Usurpateur condamna l'autre Usurpateur Murtzufle à être précipité du haut d'une colonne. Les Vénitiens se donnèrent pour leur part, qui ne fut pas la plus foible, le Péloponèse, l'isle de Candie, et plusieurs villes des côtes de Phrygie, qui n'avoient point encore subi le joug Musulman. Le Marquis de Montferrat prit la Thessalie ; il ne resta guère à Baudouin que la Thrace et la Mésie ; un Empire presque sans puissance. Le Pape y gagna, pour un tems, toute l'Eglise d'Orient : ce qui étoit à ses yeux une acquisition bien plus importante que la délivrance du saint-tombeau : aussi donna-t-il promptement l'absolution aux Croisés, pour avoir manqué à leurs engagemens. L'Empire Grec n'étoit autre chose que les déserts de la Palestine. Les Croisés, au moins, furent tellement satisfaits de cette conquête, que, malgré le vœu qu'ils avoient fait d'aller secourir Jérusalem, à peine quelques Chevaliers se déterminèrent à poursuivre leur route en Syrie : ce ne fut même que le très-petit nombre

de ceux qui ne purent avoir aucune part aux dépouilles des Grecs [15].

Chapitre XXXII.

A.D. 1204.

Innocent III, en parlant de cette conquête, dit dans une de ses lettres : « DIEU, voulant consoler son Eglise par la réunion des schismatiques, a fait passer l'Empire des Grecs superbes, superstitieux, désobéissans, aux Latins humbles, pieux, catholiques et soumis ». Les Papes étoient habiles à donner aux personnes et aux choses la couleur des préjugés favorables à leur intérêt.

Il restoit encore beaucoup de Princes de la famille Impériale des Comnènes, qui ne perdirent point courage dans la destruction de leur Empire. L'un d'eux, qui portoit entre autres noms celui d'Alexis, se refugia sur les côtes de la Colchide; et là, entre la mer et le mont Caucase, forma un petit Etat qu'il appela l'Empire de Trébisonde; tant on abusoit de ce mot d'Empire. Théodore Lascaris

15 Nicetas, *Chron.* Cantacuzanus.

Part. I. reprit Nicée, et s'établit dans la Bythinie, en se servant à propos des Arabes contre les Turcs. Il se donna aussi le titre d'Empereur; et fit élire un Patriarche de sa communion. D'autres Grecs s'unirent avec les Turcs, et appelèrent même à leur secours leurs anciens ennemis, les Bulgares, contre l'Empereur Baudouin, qui fut
A. D. 1206. vaincu par ces barbares près d'Andrinople; ils lui coupèrent les bras et les jambes, et le jetèrent aux bêtes féroces [16]. Dix ans après, Henri, son frère et son successeur, méprisé de ses sujets et de ses voisins, mourut empoisonné. En moins d'un demi-siècle, la ville Impériale, qui avoit perdu, sous les Latins, sa gloire, sa force et sa prospérité, rentra dans la main des Grecs.

Tandis que ces choses arrivoient en Orient, Philippe, Régent de l'Empire, et Othon son compétiteur, désoloient l'Occident; enfin, le Roi des Romains l'emporta; Othon, forcé d'abandonner l'Al-

16 Id. in ibid.

lemagne, se refugia en Angleterre. Son rival, enflé de ses succès, fit confirmer son élection par un nouveau couronnement ; et proposa un accommodement au Pape, comme un dernier moyen d'affermir à jamais son trône : mais avant que l'accommodement pût avoir lieu, il fut poignardé par un Wittelsbach, Comte Palatin de Bavière, auquel il avoit, dit-on, promis sa fille, et qui, tout-à-coup, informé qu'il offroit ignominieusement sa main à Othon, pour cimenter la paix, courut l'assassiner au milieu de ses Gardes, ayant juré de punir, même sur son trône, pour l'instruction des Rois, un lâche qui payoit par un affront le dévouement de sa vie entière [17]. A. D. 1208.

17 Heiss. lib. II. cap. XV. Pufendorff, liv. V, chap. II. Un Ecrivain Allemand a choisi ce trait historique, pour le sujet d'une Tragédie *Nationale ;* les Allemands la comptent avec justice au rang de leurs meilleurs Ouvrages dramatiques. Elle est remplie de traits d'une vérité *profonde ;* et d'une sensibilité exquise ! Le *Wittelsbach* y montre un caractère noble, majestueux, terrible, digne des pinceaux de Shakespeare, quand il travaille de génie ! J'ai été chargé de traduire cette pièce ; je me suis efforcé de lui conserver toute sa rudesse ; on l'a insérée dans le 10e vol. du *Nouveau Théâtre Allemand.*

Part. I.

Othon revint en Allemagne à la mort de Philippe, il épousa la fille de ce Prince; et fut couronné à Rome par
A. D. 1209. Innocent III, après avoir cédé au Saint-Siége l'héritage, si long-tems disputé, de la Comtesse Matilde, et confirmé les droits et les priviléges des villes Italiennes. « Serment scellé en bulle d'or[18]!

Mais ces concessions, quant au Pape du moins, n'étoient qu'un sacrifice involontaire à la nécessité. Othon se vit à peine en état de mettre une armée sur pied, qu'il voulut reprendre ses dons; et, non-seulement il recouvrit les possessions de l'Empire, mais il fit des in-
A. D. 1210. cursions dans la Pouille, ravageant les domaines du jeune Frédéric, Roi de Naples et de Sicile, qui étoit sous la protection du Saint-Siége. De-là, tous les malheurs d'Othon. Innocent l'excommunia; et Frédéric, alors âgé de quinze
A. D. 1211. ans, fut élu Empereur dans une diète des Seigneurs Allemands[19].

18 Fleury.

19 Heiss. lib. II, cap. XVI.

Chapitre XXXII.

Othon cependant, à son retour en Allemagne, trouvant encore son parti considérable, et ne doutant point qu'il ne fût assez puissant pour humilier son rival, vint se liguer avec son oncle Jean, Roi d'Angleterre, contre Philippe Auguste, Roi de France. La malheureuse bataille de Bouvines, où les confédérés furent battus, consomma la disgrace d'Othon. Il fit des efforts pour se retirer en Allemagne, mais il fut arrêté dans sa route par le jeune Frédéric, qui étoit entré dans l'Empire à la tête d'une grosse armée, et qu'on avoit accueilli par-tout à bras ouverts.

A. D. 1213.

A. D. 1214.

Ainsi abandonné par tous les Princes de l'Allemagne, et sans appui, Othon se retira à Brunswick, où il vécut quatre ans en simple particulier. Il n'étoit pas déposé, mais oublié; et s'il est vrai que dans le délire de son humilité religieuse, il se fit fouler aux pieds de ses garçons de cuisine, on a eu raison de dire que des pénitences ridicules n'expieront jamais les fautes d'un Prince souillé du sang de tant de milliers d'hommes [20].

[20] *Annal. de l'Emp.* tom. II.

Part. I.

A. D. 1215. Frédéric II, ayant été universellement reconnu Empereur, fut couronné à Aix-la-Chapelle avec une grande magnificence; et pour se conserver *la protection* du Pape, et donner plus de majesté à son couronnement, il fit un vœu solemnel d'aller en personne à la Terre-Sainte [21].

Environ ce tems, le Pape Innocent mourut, et fut remplacé par Honorius III,

A. D. 1216. qui mit tant d'ardeur à presser la Croisade, qu'il ordonna de la prêcher dans toutes les provinces de l'Allemagne, en Suède, en Danemarck, en Bohème et dans la Hongrie, où il eut des succès prodigieux. L'Empereur qui avoit formé son vœu par politique, sut encore, en politique habile, différer son voyage; il s'excusa sur la nécessité de régler les affaires de l'Italie avant de pouvoir accomplir son vœu : presque tous les autres Monarques de l'Europe furent aussi obligés de rester dans leurs Etats, à cause de leurs troubles domestiques : mais un nombre infini de Chevaliers, entraînant

21 Heiss. lib. II, cap XVII.

avec eux leurs vassaux, prirent la croix, ayant pour Chefs les Ducs d'Autriche et de Bavière, l'Archevêque de Mayence, et les Evêques de Munster et d'Utrecht: André, Roi de Hongrie, qui vint les joindre avec un corps de belles troupes, fut nommé Généralissime de la Croisade [22].

Chapitre XXXII.

Tandis que ces aventuriers de la haute Allemagne marchoient vers l'Italie, pour s'embarquer à Venise, à Gènes et à Messine, on équippa une flotte de trois cents voiles dans les Ports de la Basse-Saxe, pour transporter les troupes de la Westphalie, de la Saxe et du territoire de Cologne. Ceux-ci ayant joint l'escadre des Frisons, des Flamands, et des sujets du Brabant, commandée par Guillaume, Comte de Hollande, George, Comte de Weerden, et Adolphe, Comte de Berg, ils firent voile pour le détroit de Gibraltar, dans leur voyage à Ptolémaïs. Jetés par la tempête sur la route de Lisbonne, Alphonse, Roi de Portugal, les engagea à le secourir contre les Maures: ils en

A. D. 1217.

22 *Annal Paderbon.*

Part. I. triomphèrent, et leur prirent ensuite la ville d'Alcazar [23].

Cependant, le Roi de Hongrie avec son armée, et le Roi de Chypre qu'ils avoient joint, abordèrent à Ptolémaïs, où ils furent reçus, comme des libérateurs, par Jean de Brienne, qui avoit été nommé Roi de Jérusalem : c'étoit le plus jeune des enfans de cette maison, alors fameuse en Champagne.

Les Rois de Chypre et de Hongrie laissèrent pendant quelque tems leurs troupes se rafraîchir ; et après les avoir passées en revue, ils marchèrent dans la grande Vallée de Jesraël, contre les Sarrazins, faisant porter devant eux le bois *de la vraie* Croix; mais Coradin, fils de Saphadin, Soudan d'Egypte et de Babylone, et le neveu du fameux Saladin, voyant son armée trop foible, devant l'inondation de ses nouveaux ennemis, se retira sans donner bataille ; et les

23 Id. in ibid.

champions de la Croix entreprirent le siége du Thabor, où ils échouèrent : puis ils se séparèrent en quatre corps pour éviter une disette. Le Roi de Chypre mourut ; et le Roi de Hongrie s'en retourna dans ses Etats, pour y appaiser quelques troubles qui s'y étoient élevés pendant son absence [24].

Chapitre XXXII.

A. D. 1218.

La flotte de la côte d'Espagne arriva à Ptolémaïs, bientôt après le départ du Roi de Hongrie, et il fut résolu, dans un conseil de guerre, qu'on assiégeroit Damiette, en Egypte, laquelle fut, en conséquence, investie par terre et par mer, et prise après un siége de dix-huit mois. Durant ce siége Saphadin mourut, et son fils aîné, Mélédin, son successeur au Royaume d'Egypte, qui vint au secours des assiégés, fut taillé en pièces. Le Duc d'Autriche, avec un vaste corps de troupes, s'en revint en Allemagne peu de tems après cette victoire : mais les Croisés reçurent alors de l'Empereur un

A. D. 1219.

24 Jac. de Vitri, Maimbourg, ubi sup.

Part. I. renfort considérable de belles troupes, que leur amena le Cardinal Albano, Légat du Saint-Siége [25].

Ce Cardinal Albano, Bénédictin Espagnol, prétendit qu'en sa qualité de Représentant du Pape, le Chef naturel de la Croisade, il avoit incontestablement le droit d'en être le Général : et que le Roi de Jérusalem, ne tenant sa couronne que de la permission du Pape, devoit obéir en tout à son Légat. Ces divisions consumèrent beaucoup de tems; et il fallut ensuite écrire à Rome. Enfin, arriva la réponse du Pape, tant desirée, qui *ordonna* au Roi de Jérusalem de servir sous le Bénédictin : ce qu'il y a de plus étrange encore, l'armée obéit aux ordres du Pape. Jean de Brienne résigna le commandement : bientôt le Général-Moine engagea son armée entre deux bras du Nil, précisément au tems que ce fleuve, qui nourrit et défend l'Egypte,

25 Vertot, *Hist. des Chevaliers de Malthe*, tom. I. Maimbourg, *Hist. des Croisades*, tom. II.

commençoit

commençoit à se déborder. Le Soudan, informé de la marche imprudente de ses ennemis, accourut les détruire, ouvrant, d'un côté, les écluses, et de l'autre brûlant leurs vaisseaux. Déja le Nil menaçoit d'engloutir l'armée entière, qui se trouvoit dans une terreur semblable à celle des Egyptiens de Pharaon, quand ils virent, dit-on, la mer prête à retomber sur eux. Le danger étoit pressant. Damiette fut rendue. Les Chefs de la Croisade, et leur illustre Général, furent obligés de signer un traité honteux, et *de jurer* que de huit ans ils ne porteroient les armes contre Mélédin, Soudan d'Egypte [26].

Chapitre XXXII.

A. D. 1221.

Les Chrétiens d'Orient n'avoient plus alors d'espérance que dans l'Empereur Frédéric II, qui n'aguère venoit d'être couronné à Rome par le Pape Honorius III, dont il avoit recherché l'amitié, en lui promettant de détacher Naples et la Sicile de l'Empire, et d'en investir son

[26] Id. ibid.

Part. I. fils Henri, qui les posséderoit comme un fief du Saint-Siége : il lui avoit aussi promis politiquement de passer avec une armée en Asie; mais il concevoit trop bien les inutiles dangers des Croisades, pour ne pas différer d'accomplir un vœu forcé : il étoit d'ailleurs plus dignement occupé à embellir Naples, à l'agrandir, à établir dans cette ville une belle Université, pour y faire enseigner le Droit Romain : il avoit encore à chasser des Sarrazins vagabonds, qui infectoient la Sicile [27].

Cependant les tristes Chefs de la Croisade arrivèrent désarmés en Europe. Le Pape, irrité de la perte de Damiette,
A.D. 1225. écrivit à l'Empereur une lettre dure, où il lui reprochoit d'avoir compromis la gloire du Christianisme par ses retards sacriléges, et le menaçoit d'une excommunication immédiate, s'il ne conduisoit à l'instant une armée en Orient. Frédéric, indigné de l'insolence d'Honorius, cessa

27 Sigon. *Reg. Ital.* Giannone, *Hist. di Napol.*

toute correspondance avec la Cour de Rome : renouvela sa juridiction ecclésiastique en Sicile, nomma aux prélatures et aux bénéfices vacans, et chassa quelques Evêques, qui étoient vendus au Pape ; il les accusoit d'avoir trempé dans une conjuration contre l'Etat [28].

Chapitre XXXII.

A. D. 1226.

Honorius essaya d'abord de rendre à l'Empereur guerre pour guerre ; mais Frédéric n'étant pas un Prince à plier son orgueil, Sa Sainteté s'apperçut de son imprudence, et s'efforça de l'attirer dans son parti à force d'intrigues, de soumissions et de promesses. Ils se réconcilièrent à Veroli où l'Empereur, comme une preuve sincère de son attachement à la politique des Papes, publia quelques édits sévères contre l'hérésie, qui ont souillé sa gloire en autorisant le Tribunal de l'Inquisition [29].

On tint ensuite une assemblée solem-

28 Id in ibid.

29 Petr. des Vignes. lib. I. C'est le fameux Chancelier de Frédéric II, accusé d'avoir écrit le livre *des trois Imposteurs*, qui, selon Voltaire, fut toujours cherché en vain.

Part. I. nelle à Férentino, où se trouvèrent le Pape et l'Empereur, et Jean de Brienne, Roi titulaire de Jérusalem, qui étoit venu en Europe demander des secours contre le Soudan d'Egypte. Ce Jean de Brienne proposa sa fille unique Yolande pour épouse à l'Empereur, lui donnant pour dot ses droits au Royaume de Jérusalem, à condition que, sous deux ans, Frédéric accompliroit le vœu qu'il avoit fait de conduire une armée dans la Terre-Sainte. Frédéric épousa Yolande, pour faire sa cour au Pape; et depuis cette époque, les Rois de Sicile ont toujours pris le titre de Rois de Jérusalem.

L'Empereur ne se pressoit nullement de conquérir la dot de sa femme : il avoit au sein de ses Etats assez d'ennemis véritables, sans aller s'exposer à d'autres dangers volontaires. Les principales villes de la Lombardie s'étoient secrètement liguées, pour secouer le joug de son au-
A. D. 1227. torité. Il convoqua une diète à Crémone, où tous les Seigneurs Allemands et Italiens eurent ordre de se rendre. On y

discuta nombre d'objets ; on n'y termina rien d'important. Cependant le Pape réussit à faire accepter un accommodement ; et, comme l'Arbitre souverain des deux partis, il arrêta que l'Empereur renonceroit à tout ressentiment contre les villes confédérées, et que ces villes fourniroient et entretiendroient quatre cents Chevaliers, pour la délivrance de la Terre-Sainte [30].

La paix ainsi conclue, Honorius fit souvenir l'Empereur de son vœu : Frédéric promit de l'acquitter au plutôt : mais le Souverain Pontife mourut avant l'exécution d'une entreprise qu'il sembloit avoir tant à cœur. Il eut pour successeur, à la Chaire apostolique, Grégoire IX, frère d'Innocent III, qui, toujours poursuivant une même politique, pressa le départ de Frédéric pour la Terre-Sainte : lassé de ses retardemens, il le déclara incapable de remplir le trône de l'Empire, ayant encouru la sentence d'ex-

30 Richard. *Chron.* ap. Murat.

Part. I communication. Frédéric, outré de tant d'audace, ravagea le patrimoine de Saint Pierre, et fut effectivement excommunié. Les querelles du Sacerdoce et de l'Empire se rallumèrent; l'on vit renaître les Guelphes partisans des Papes, et les Ghibelins déclarés pour les Empereurs. Le
A. D. 1228. Pape Grégoire fut obligé de quitter Rome; et l'Italie devint le théâtre de cent guerres civiles, qui, en échauffant les esprits, les courages et le ressentiment particulier de tous ses Princes, ne les accoutumoient que trop à l'assassinat et aux empoisonnemens.

Cependant Frédéric II, dans l'espérance d'étouffer d'éternelles discussions, et aussi forcé de céder aux préjugés d'un siècle nourri dans l'ignorance et la superstition, résolut d'accomplir son voeu. Il s'embarque à l'instant pour la Terre-Sainte, confiant les affaires de l'Italie à la prudence de Renaud, Duc de Spolette. Le Pape lui défendit de partir avant d'avoir reçu l'absolution. Frédéric partit en méprisant les anathèmes de l'Eglise, et réussit mieux que les Rois ses prédécesseurs, tout chargés par les Pontifes de bénédictions et d'*indulgences plénières*. Il est vrai qu'il ne désola point l'Asie, qu'il ne donna point aux Chrétiens le saint spectacle des Musulmans égorgés ou brûlés à petit feu, pour le salut de leur ame. Mais il conclut un traité avec Mélédin, Soudan d'Egypte et maître de la Syrie, qui sembloit devoir remplir le but véritable de la Croisade. Le Soudan lui céda Jérusalem et son territoire, jusqu'à Joppé; Bethléem, Nazareth, et tout le pays entre Jérusalem et Ptolémaïs, Tyr, Sidon, et les terres adjacentes : pour prix de ces concessions, l'Empereur accorda aux Sarrazins une trève de dix ans, et accourut prudemment en Italie, où les Papes, qui l'avoient envoyé en Asie à la tête d'une Croisade, en préparoient une autre contre lui en Europe [31].

Chapitre XXXII.

A. D. 1228.

A. D. 1229.

A. D. 1230.

Le règne de Frédéric, après son re-

31 *Annal. Boior.* lib. VII. Heiss, *Hist. de l'Emp.* lib. II, cap. XVII. Maimbourg, ubi sup.

Part. I. tour de l'Orient, fut une bataille perpétuelle avec les Papes. Grégoire IX, pendant son absence, avoit soulevé les villes de Lombardie; et avant qu'il pût triompher de cette multitude d'ennemis, il sut
A.D. 1235. encore armer le fils contre le père, ainsi que l'avoient fait ses dignes prédécesseurs, Grégoire VII, Urbain II et Pascal II. Mais Frédéric, plus heureux que l'Empereur Henri IV, se saisit de son fils rebelle, qui avoit été élu Roi des Romains: il étouffa la rebellion, et remporta sur les villes associées une victoire complette. L'orgueil des Pontifes, qui renaissoit toujours, lui suscita d'au-
A.D. 1237. tres querelles. Le Pape l'excommunia une seconde fois: il envoya une bulle en Allemagne, méchamment préparée, pour y jeter la discorde dans le cœur de tous les Princes. Entr'autres injures, qui font sourire amèrement, on trouve un incroyable langage dans les saintes paroles de la bulle de Grégoire IX: « Une bête, remplie de noms, s'est élevée du côté de la mer, avec les pieds d'un ours, la figure d'un lion, et les membres de tous

les autres animaux ; laquelle, comme le Superbe, a ouvert sa bouche pour blasphêmer *le saint nom :* ne craignant pas même de lancer les flèches de la calomnie contre *le tabernacle* de Dieu, et les Saints ---- qui habitent dans le Ciel ! Cette bête, voulant tout mettre en pièces, sous ses griffes et ses dents de fer, a déja préparé des *béliers* particuliers contre les *remparts* de la foi catholique ; et maintenant elle établit ouvertement des écoles de brigandages, pour y élever les enfans des Ismaélites destructeurs des *ames*, (Grégoire IX faisoit ici allusion à la mosquée que Frédéric avoit laissée à Jérusalem pour les Musulmans) voulant, *dit-on*, comme ennemi du Christ, Rédempteur du genre humain, abolir les tables de l'alliance, avec la plume de la méchante hérésie. Ne soyez donc pas surpris de la malice de cette bête de blasphêmes, si Nous, qui sommes *les Ministres du Tout-Puissant*, nous demeurons exposés aux flèches de sa destruction ; on a même *oui dire* à ce Roi des fléaux, que l'Univers avoit été trompé par trois Impos-

Chapitre XXXII.
A. D. 1237.

Part. I.

A. D. 1237. teurs, Moïse, Jésus-Christ et Mahomet; mais il place Jésus-Christ fort au-dessous des autres : ceux-là, dit-il, ont du moins soutenu leur gloire et leurs partisans, au lieu que Jésus s'est laissé crucifier ignominieusement. Il soutient aussi que *c'est une folie* de croire que *le seul* et unique Dieu, créateur de l'Univers soit né d'une *femme*, et encore moins d'une *vierge* [32] ».

Frédéric, d'un autre côté, dans son apologie aux Princes de l'Empire, appelle Grégoire le *Grand Dragon*, *l'Antéchrist*, dont il a été écrit par les Prophêtes : « Et un autre cheval rouge est sorti de la mér, et celui qui est assis dessus emporte avec lui la paix des Nations » [33].

On soutint en Allemagne la cause de l'Empereur, qui, voyant alors qu'il n'avoit plus rien à craindre de ce côté, résolut de tirer une ample vengeance du Pape et de ses associés : dans ce dessein

A. D. 1239. il marcha vers Rome, où il croyoit son

32 Gob. Pers. *Cosmod.* cap. LXIV.

33 Id. in ibid.

parti assez fort pour lui en procurer l'entrée : on assure même qu'il avoit formé le plan d'y établir le trône des nouveaux Césars ; mais l'actif Grégoire fit échouer le plus cher de ses projets, en ordonnant de prêcher une Croisade contre lui, comme ennemi de la foi catholique ; cette audace inattendue mit Frédéric dans une telle fureur, qu'il eut la férocité de condamner aux plus cruels tourmens ceux qui portoient la croix [34]. Chapitre XXXII. A. D. 1239.

L'Italie, déchirée par les factions Guelphe et Ghibeline, n'étoit plus qu'un lieu de carnage ; entr'elles point de paix à espérer ; et elles entraînoient dans leurs ruines des villes considérables, des domaines entiers, jusqu'à l'extinction de quelques familles particulières. On n'ose pas écrire ce qu'ils ont commis de crimes atroces ! Dans ces conjonctures, Grégoire IX mourut ; Célestin IV, lui succéda ; il ne fit que s'asseoir au trône pontifical. Il eut pour successeur Innocent IV, anciennement A. D. 1243.

34 Krantz, lib. VIII. Murat. *Annal. Ital.* tom. VII.

Part. I.
A. D. 1243 Cardinal de Fiesque, et qui avoit jusqu'alors favorisé la cause de l'Empereur. Toutefois Frédéric, que ses courtisans félicitoient de cette élection, leur répondit en politique habile : « Je vois peu de raison pour m'en réjouir; le Cardinal étoit mon ami, le Pape sera mon ennemi [35] ».

Innocent prouva bientôt la vérité de ses conjectures : il eut l'audace de s'établir le négociateur entre l'Italie et Frédéric; ne pouvant obtenir de lui les concessions exorbitantes qu'il en exigeoit, et craignant même pour sa propre sûreté, il se refugia en France; assembla dans sa fuite un concile général à Lyon, et dé-
A. D. 1245. posa l'Empereur : « Je déclare, dit-il, Frédéric II atteint et convaincu de sacrilége et d'hérésie; excommunié et détrôné; et *j'ordonne* aux Electeurs de se choisir un autre Empereur, me réservant le droit de disposer du Royaume de Sicile [36] ».

Frédéric étoit à Turin lorsqu'il reçut

35 Id. in ibid.

36 Gob. Pers. ubi sup.

la nouvelle de sa déposition : il se fit apporter sa couronne : « Avant qu'on me l'arrache, s'écria-t-il, on verra couler beaucoup de sang [37].

Chapitre XXXII.

Conrad, un autre fils de l'Empereur, avoit été nommé Roi des Romains à la mort de son frère Henri, qui survécut peu de tems à sa captivité : mais l'Empire étant alors déclaré vacant par le Pape, les Evêques Allemands, sans qu'aucun des Princes de l'Empire y fût présent, procédèrent, à la sollicitation de Sa Sainteté, à l'élection d'un nouvel Empereur ; et ils choisirent Henri, Landgrave de Thuringe, qui fut appelé, par dérision, « Le Roi des Prêtres ». A.D. 1246.

Alors Innocent renouvela la Croisade contre Frédéric : elle fut proclamée par les frères Prêcheurs, qu'on appela, par la suite, Dominicains ; et par les frères Mineurs, connus sous le nom de Cordeliers ou Franciscains : nouvelle milice

[37] M. Paris, *Hist. Major.*

Part. I.

A. D. 1246. de la Cour de Rome, qui commençoit à s'établir en Europe; et le Pape ne s'en tint pas seulement à ces pratiques audacieuses; il machina des conspirations secrètes contre les jours d'un Empereur qui savoit résister aux décrets d'un Concile, et braver Moines et Croisés. Frédéric fut souvent en danger d'être assassiné ou empoisonné; il prit des Mahométans pour sa garde, afin d'écarter au moins de son trône le poignard de la Superstition.

A. D. 1247 Le Landgrave de Thuringe mourut; ces mêmes Prélats qui s'étoient arrogé le droit de créer un Empereur en firent un autre : ils élurent Guillaume, Comte de Hollande, jeune Seigneur de vingt ans, auquel on donna aussi le titre ridicule de « Roi des Prêtres [38] ».

La Fortune, qui avoit jusqu'ici favorisé Frédéric, parut l'abandonner : il fut défait
A. D. 1247 devant Parme qu'il assiégeoit depuis longtems; et pour achever sa disgrace, il apprit

38 *Annal. Boior.*

qu'Entius, son fils naturel, qu'il avoit fait Roi de Sardaigne, venoit d'être battu et pris par les Boulonois. Chapitre XXXII.

En cette extrémité Frédéric se retira dans son Royaume de Naples, pour y rassembler son armée; il y mourut d'une fièvre, dans la cinquante-cinquième année de son âge [39]. Ce fut un Prince d'un génie élevé, plein d'érudition, et d'un grand courage; et malgré toutes les traverses qu'il essuya pendant son règne, il bâtit des villes, fonda des Universités, et fit un peu refleurir les sciences et les arts en Italie. Les Italiens ont conservé, dit-on, des vers de Frédéric. A. D. 1250.

Frédéric II laissa l'Allemagne aussi troublée à sa mort qu'à sa naissance; et l'Italie déchirée par les guerres civiles. Le Clergé prit les armes contre les séculiers : il n'y eut plus d'autres loix que les caprices du plus fort : les histoires particulières de cette malheureuse époque n'inspirent que du dégoût et de l'horreur; tout retomboit dans le chaos des premiers

39 Krantz, lib. VIII. Heiss., lib. II, cap. XVII.

Part. I. établissemens de notre Europe : en ces tems d'anarchie, Conrad, successeur légitime de Frédéric II, et dont la piété filiale méritoit un meilleur sort, s'empara du trône Impérial, où il put à peine s'asseoir au milieu des plus grands troubles. Dès que sa mort, et celle de Guillaume de Hollande, tué dans la guerre civile, eurent laissé le trône vacant,
A. D. 1256. nombre de rivaux se présentèrent : plusieurs furent élus par leurs différentes factions : dans la foule de ces fantômes d'Empereurs, on a compté Richard, Comte de Cornouailles, frère de Henri III, Roi d'Angleterre, qui, dégoûté d'un vain titre, s'en retourna dans son pays : l'Allemagne, alors un corps sans tête, dont les membres se déchiroient, n'eut véritablement un Chef qu'à l'élection de Ro-
A. D. 1273. dolphe, Comte de Habsbourg, qui fut universellement reconnu Empereur.

Pendant l'interrègne qui précéda l'élection de Rodolphe, le Danemarck, la Hollande et la Hongrie s'affranchirent ené rement de l'hommage et des redevances

Chapitre XXXII.

A. D. 1278.

puelles payoient à l'Empire ; c'est à-peu-près en ces tems-là que plusieurs villes d'Allemagne établirent une forme de gouvernement municipal qui dure encore. Lubeck, Cologne, Brunswick et Dantzick s'unirent entr'elles pour se défendre des invasions des grands Seigneurs, par une fameuse association appelée la Ligue Hanséatique : et ces villes, auxquelles se joignirent quatre-vingt autres Cités considérables, dispersées dans plusieurs Etats différens, formèrent une espèce de République commerçante.

L'Italie se choisit aussi, dans cette auguste époque de la raison, une nouvelle forme de gouvernement : cette liberté, pour laquelle, depuis si long-tems, combattoient les villes de la Lombardie, leur fut confirmée à prix d'argent.

La Sicile réussit comme eux à changer de gouvernement; et la France donna un Souverain aux Siciliens.

CHAPITRE XXXIII.

L'Angleterre, depuis l'obtention de la Grande Charte, jusqu'à l'établissement de la Chambre des Communes.

Part. I.
A. D. 1215.

Le Roi Jean, forcé par ses Barons de sceller la Grande Charte de la liberté Angloise, et les réglemens qu'ils croyoient nécessaires pour en assurer l'exécution, parut se soumettre enfin, sans trop de répugnance, au joug respectable qu'un Peuple généreux savoit imposer à ses Rois, pour le bonheur commun. Il alla même plus loin qu'on eût osé l'espérer ; il congédia son armée, et promit que son gouvernement futur seroit aussi doux que la Nation pouvoit le desirer : mais le tigre n'attendoit que le moment de la confiance, pour dévorer ses Gardes endormis. Le Roi Jean, déterminé à violer toutes ses promesses, dépêcha secrètement des Emissaires, pour enrôler des automates étrangers, et inviter les Brabançons à servir ses desseins, en leur offrant, pour récompenses, les riches dépouilles des plus illustres défenseurs de la Nation : il envoya aussi porter la Grande Charte au Tribunal du Saint-Siége. Se regardant comme le souverain Seigneur du Royaume, le Pape, indigné de la *témérité* des Barons, lança une bulle, qui annulloit la Grande Charte, et dispensoit le Roi du serment qu'il avoit fait de l'observer : défense aux Seigneurs et au Peuple d'y avoir égard ; sentence générale d'excommunication pour quiconque oseroit soutenir de pareils attentats contre l'autorité suprême [1].

Chapitre XXXIII.

A. D. 1215.

Le tyran jeta le masque : il revint sur tout ce qu'il avoit fait ; et ses mercenaires étrangers arrivant avec la bulle, il s'attendoit à une soumission universelle. Mais le Peuple ne se laisse point enlever aisément ce qu'il sait lui appartenir. Le Primat Langton, quoiqu'il ne dût sa place qu'à une usurpation de la Cour de

1 Rymer, vol. I. M. Paris, *Hist. Major.*

Part. I. Rome, refusa d'obéir au Pape, et de publier la sentence d'excommunication contre les Barons. Le Clergé, la Noblesse et le Peuple montrèrent une égale ardeur, pour se conserver, même aux dépens de leur vie, les priviléges de la Grande Charte. Il ne resta donc absolument au Roi pour établir sa tyrannie, que l'épée de ses Brabançons, qui ne fut malheureusement que trop fatale à l'Angleterre.

Les Barons, après avoir obtenu la Grande Charte, par une confiance bien imprudente, avoient non-seulement renvoyé leurs vassaux, mais encore ils n'avoient pris aucunes mesures raisonnables pour les rassembler au besoin : ainsi le Roi se trouva d'abord maître du terrein, sans qu'on eût à lui opposer une force qui balançât la sienne. On défendit plusieurs châteaux ; on risqua quelques escarmouches ; aucune résistance nationale contre les fureurs du tyran ; et des brigands, armés et excités par un Prince cruel et vindicatif, répandoient la désolation dans tout le Royaume. Depuis Douvres jusqu'à Berwick on ne voyoit que des villes en feu, des châteaux réduits en cendres, et la consternation et la misère des habitans sans défense [2]. Chapitre XXXIII.

En cette alarme universelle, les Barons craignant pour leurs franchises, pour leurs propriétés, et menacés d'affreux tourmens, eurent recours à un remède désespéré, presque aussi dangereux que le mal : ils offrirent la couronne au Prince A. D. 1216
Louis, le fils aîné de Philippe Auguste, Roi de France, s'il vouloit par sa valeur les sauver des cruautés d'un Monarque sanguinaire. L'ambitieux Philippe leur envoya sur le champ une petite armée, et ensuite un nombre plus considérable de belles troupes, avec son fils Louis à leur tête. Quoique menacé par le Légat du Pape d'interdits et d'excommunications, s'il osoit envahir les Etats d'un Prince sous la protection immédiate du Saint-Siége, après avoir accepté la couronne

[2] M. Paris. *Chron. Mailros.*

Part. I. A. D. 1216.

d'Angleterre des mains du Pontife qui l'avoit joué, Philippe Auguste n'avoit garde de la refuser des mains de la Nation. Innocent III, transporté de colère à la nouvelle de l'expédition Françoise, courut en chaire, et s'écria : « Glaive, glaive sors du foureau, et aiguise-toi pour tuer ». Mais Philippe, assuré de la fidélité de ses sujets, méprisa les anathêmes du Pape.

Cependant le Monarque François eut grand soin de conserver des apparences de soumission : il prétendit que son fils avoit accepté l'offre des Barons Anglois, sans le consulter, et contre son gré ; et que les troupes envoyées en Angleterre avoient été levées en France au nom de ce Prince : mais il connoissoit le Pontife trop pénétrant pour être dupe de ses excuses, et que ces artifices étoient même trop grossiers pour le Peuple : toutefois il savoit aussi que la manière d'employer le moyen le plus efficace pour réussir, est souvent plus importante au succès que le moyen lui-même ; et qu'une indécence, aux yeux du monde, est bien plus criminelle qu'une injustice.

Chapitre XXXIII.

A. D. 1216.

Dès que Louis parut à la tête d'une armée puissante, Jean fut abandonné par ses troupes étrangères, qui, pour la plupart enrôlées en France, refusèrent de le servir contre l'héritier de leur Monarchie. Rien ne résistoit aux armes Françoises : et les Barons eurent bientôt la douleur de n'avoir échappé à la tyrannie de leur Roi, qu'en se donnant à eux et à la Nation un joug étranger. Les éternelles jalousies des Anglois contre les François, ne firent qu'augmenter, dès qu'ils virent dans leurs rivaux des libérateurs et des maîtres. On accusa Louis de trop favoriser les François ; le bruit se répandit qu'il vouloit exterminer la Noblesse Angloise, pour leur donner, à l'exemple de Guillaume, leurs dignités et leurs biens. Les Seigneurs Anglois, jaloux de la Noblesse Françoise, et la jalousie est ingrate, retournèrent au parti de leur tyran. Jean Sans-Terre avoit déja une armée nombreuse, quand la mort

Part. I.

A. D. 1216.

mit fin à ses bassesses et à ses crimes, en la quarante-neuvième année de son âge, et la huitième de son règne. Il n'y a sorte d'infamie et de cruautés, dont il ne se soit rendu coupable ; ce ne furent point ses attentats, ni ses offres au Roi de Maroc d'embrasser le Mahométisme, s'il vouloit le secourir contre Philippe Auguste, qui le firent passer pour impie aux yeux du Clergé ; ce fut une détestable *bêtise*, que des Historiens Anglois ont appelée une *saillie d'esprit* : « Cet animal est potelé et bien nourri, s'écria-t-il un jour, en prenant un cerf très-gras, et cependant j'oserois jurer qu'il n'a jamais entendu la messe [3] ».

Jean eut pour successeur son fils Henri III, âgé de neuf ans ; et pour la première fois une minorité fut très-utile à l'Angleterre. Le Comte de Pembrocke revêtu du commandement militaire, comme Maréchal du Royaume, et par conséquent à la tête de l'Etat dans un tems d'anarchie,

3 M. Paris.

résolut de soutenir les titres du Roi enfant : observez aussi que c'étoit soutenir sa propre autorité. Il fut choisi Protecteur par ces mêmes Barons, qui, pour échapper à leur ruine entière, avoient offert au Dauphin de France un trône à conquérir. Heureusement pour le jeune Monarque et pour l'honneur de la Nation, que la Régence donnée au Comte de Pembrocke ne pouvoit être confiée en de plus dignes mains. Pour calmer toutes les craintes, il fit renouveler et confirmer la Grande Charte. Il écrivit, au nom de Henri, à tous les Barons mécontens : promit de faire ensorte qu'elle ne seroit plus violée : il les conjuroit tous, par les doux noms de patrie et d'indépendance, de s'opposer de tout leur courage aux inconvéniens d'une domination étrangère, et de rendre à l'Angleterre ces franchises et ces priviléges qui leur avoient tant coûté de sang, et qui venoient de leur être confirmés par une seconde Charte 4.

4 Rymer, vol. I. Brady, *Append.* N°. 143.

Part. I.

A. D. 1216.

Le génie et le caractère de Pembrocke ramenèrent la plupart des Barons : les uns négocièrent en secret, d'autres vinrent publiquement se joindre à lui. Louis, qui avoit fait un voyage en France pour y chercher de nouvelles troupes, trouva son parti bien foible à son retour; cependant il entreprit le siége de Douvres, qui fut héroïquement défendu par Hubert de Burgh : mais le Comte de Pembrocke battit, devant Lincoln, l'armée Françoise, commandée par le Comte de Perche : quatre cents Chevaliers François et plusieurs grands personnages, furent faits prisonniers ; Louis, informé de cet événement malheureux, se retira dans Londres, le centre et la vie de son parti : il y reçut la nouvelle d'un autre désastre, qui ruinoit tous ses desseins. Une flotte Françoise, chargée de troupes et de munitions de guerre, avoit été repoussée sur les côtes de Kent, et obligée de rentrer dans ses ports [5].

Ce double avantage, gagné sur les

5 M. Paris.

François, fit trembler tous les Barons encore attachés au parti de Louis, ils se joignirent de toutes parts au Protecteur, pour tacher de prévenir, par la plus prompte obéissance, une proscription nationale. Louis, dont la cause étoit désespérée, commença bientôt à craindre pour sa personne, et se trouva très-heureux de pouvoir, assez honorablement, s'échapper d'un pays ingrat, où l'on payoit si mal de grands services. En conséquence, il se hâta de conclure un traité avec Pembrocke, par lequel il promit d'évacuer le Royaume, à condition que ses partisans seroient indemnisés, rétablis dans leurs dignités et dans leurs fortunes, et qu'ils jouiroient, sans réserve, des priviléges et des franchises accordés au reste de la Nation [6]. Ainsi Pembrocke appaisa une guerre civile, qui, probablement, eût fait de l'Angleterre une province de France.

Chapitre XXXIII.

A. D. 1216.

A. D. 1217.

La prudence et l'équité du Protecteur achevèrent de guérir entièrement les blessures des troubles intestins. Les Barons soumis rentrèrent en grace : il observa

6 Rymer, vol. I.

Part. I. strictement les conditions de paix qu'il leur avoit accordées : leurs possessions leur furent rendues, et il s'efforça, par une conduite impartiale et juste, d'ensevelir le passé dans l'oubli. Malheureusement ce grand homme mourut trop tôt pour affermir un ouvrage bien plus glorieux que des conquêtes ; et le Prince Henri, à sa majorité, n'étant qu'un Roi foible et méprisable, l'Angleterre retomba de nouveau dans l'anarchie des guerres civiles, dont les causes et les effets, après nombre d'années, ne produisirent aucun événement d'un intérêt général.

Il est cependant nécessaire d'observer que le Roi ayant épousé Eléonore, fille du Comte de Provence, fut entouré d'une foule de Provençaux, et d'autres étrangers, qu'il caressoit avec prédilection : l'insolence de ces étrangers, trop enrichis par son imprudente générosité, devint insupportable à la Nation. Un jour qu'on invoquoit les loix contre leurs opressions et leurs outrages, ils osèrent répondre : « Que nous importent les loix de l'Angleterre? Nous n'en faisons aucun cas ». Ce mépris effronté de la Constitution Angloise réveilla le ressentiment des Barons, et contribua beaucoup à augmenter le mécontentement général sur les préférences du Monarque envers des étrangers ; en ce que tout acte de violence commis par eux, ne paroissoit plus seulement une injure, mais une insulte : ni remontrances, ni murmures, ni plaintes ne purent déterminer le Roi à les abandonner, ou même à diminuer l'attachement qu'il avoit pour eux.

Chapitre XXXIII.

Encore si Henri eût achevé quelque grande entreprise à la gloire de la Nation, elle eût pu lui pardonner sa prodigalité envers des étrangers : au contraire, toujours inconsidéré dans sa conduite, le malheur le suivoit par-tout. Il déclara la guerre à la France, et fit une expédition dans la Guienne, sur l'invitation de son beau-père, qui avoit promis de le secourir de toute sa force. Ayant été complètement battu à Taillebourg, ses Alliés l'abandonnèrent ; il perdit ce qui lui restoit

A. D. 1242.

Part. I. en Poitou, et fut obligé de s'en retourner

A. D. 1243. honteusement en Angleterre 7.

Le manque d'économie et une libéralité mal entendue réduisoient toujours le Monarque aux expédiens, pour se procurer des ressources : il harassoit les Barons sous différens prétextes : et se trouvoit sans cesse dans le plus grand besoin d'argent ; même avant son expédition étrangère, ses dettes lui étoient devenues si importunes, qu'il vendit sa vaisselle et ses diamans pour les acquitter. Le Monarque, auquel on proposoit cette ressource, demandoit où il trouveroit des acheteurs : on lui répondit qu'il n'en manqueroit point dans la ville de Londres. « Sur ma parole, dit-il, si les trésors d'Auguste étoient à vendre, les habitans de Londres seroient en état de les acheter : ces rustres, qui se donnent le titre de Barons, ont tout en abondance, tandis que le nécessaire nous manque 8 ». Et l'on observa que depuis ce tems, il fut bien

7 M. Paris. W. Heming. *Chron. Dunst.*

8 M. Paris.

moins délicat sur les moyens d'en extorquer de l'argent.

Chapitre XXXII.

A. D. 1243.

Quelque fortes néanmoins que fussent les charges civiles, dont les Anglois avoient à se plaindre sous le règne de Henri III, elles semblent avoir été encore moins onéreuses que les exactions de l'Eglise, et ses usurpations spirituelles, que le Monarque, qui comptoit sur les secours du Pape pour affermir sa couronne chancelante, ne manquoit jamais d'autoriser dans ses Etats. Tous les principaux bénéfices du Royaume furent donnés aux Italiens, dont un grand nombre ne vinrent à Londres que pour y chercher leurs patentes : et les non-résidences et les pluralités étoient si faciles à obtenir, que les Ecclésiastiques intriguans ne se lassoient point d'entasser des centaines de gros bénéfices sur leur tête. Un Mansel, Chapelain du Roi, eut à la fois sept cents prébendes. Le Pape exigeoit les revenus de tous les bénéfices vacans; le vingtième de tous les revenus ecclésiastiques, sans exception; le tiers de ceux qui excédoient

Part. I.

A. D. 1243. cent marcs par année, et la moitié de ceux que possédoient les non-résidens. Il réclamoit aussi les biens des Ecclésiastiques morts *ab-intestat* : il prétendoit avoir le droit d'hériter de tout argent acquis par usure ; et il levoit sur le Peuple des impôts arbitraires 9.

Le meilleur expédient de la politique de Rome, pour épuiser l'Angleterre de son argent, fut celui d'embarquer Henri dans un projet de la conquête du Royaume de Sicile.

A. D. 1250. A la mort de l'Empereur Frédéric II, la succession de cette isle fut dévolue à son fils Richard, et ensuite à son petit-fils Conradin, encore enfant : et comme Mainfroi, fils naturel de l'Empereur, sous prétexte de gouverner le Royaume durant la minorité du jeune Prince, avoit formé le dessein d'usurper la couronne, Innocent IV avoit un excellent prétexte de réclamer les prétendus droits des Papes sur la Sicile, et en même tems de

9 Id. in ibid.

satisfaire

satisfaire sa haine contre la maison de Souabe : il essaya donc de se rendre maître du Royaume ; repoussé dans toutes ses entreprises, par les intrigues et l'activité de Mainfroi, et n'étant pas assez puissant pour une telle conquête, il offrit la couronne à Richard, Comte de Cornouailles, frère de Henri III, qui passoit pour le plus riche particulier de l'Europe : Richard eut la prudence de refuser un présent dangereux ; mais le Pape ayant fait ensuite au Roi le même offre, en faveur d'Edmond son second fils, le Monarque eut la foiblesse et la légèreté de l'accepter ; il donna dans le piége les yeux fermés, et le Pape tira des sommes immenses de l'Angleterre, sous le prétexte de la conquête ; ayant eu la précaution ingénieuse de se charger de l'exécution du projet. L'argent lui manquoit toujours, et l'espérance de la conquête étoit loin de se réaliser. Henri, s'appercevant enfin qu'il n'étoit qu'un jouet méprisable entre les mains du rusé Pontife, lui résigna une couronne, qu'il n'avoit que trop achetée, mais que ni

Chapitre XXXIII.

A. D. 1255

Part. I. lui, ni sa famille ne devoient jamais posséder[10].

Ce fut alors que le Comte de Cornouailles eut à se louer de sa prudence, en refusant le don perfide et précaire du Pontife, préférant à une espérance trompeuse, les solides honneurs d'un Prince d'Angleterre riche et puissant, et allié à la couronne; malheureusement il n'eut pas toujours assez de sagesse, pour ne pas se laisser séduire à la voix de l'ambition. Ses immenses richesses firent que les Princes Allemands jetèrent les yeux sur lui pour l'Empire,
A. D. 1256. après la mort de Guillaume de Hollande; et l'ambition et la vanité triomphèrent de sa prudence et de son avarice. Il passa en Allemagne, y versa des trésors pour acheter des suffrages; et réussit à s'y faire élire par une faction, et même il fut cou-
A. D. 1257. ronné à Aix-la-Chapelle : mais n'ayant, dans ce pays, aucunes liaisons de famille ou de reconnoissance, il ne put jamais y affermir son autorité. Il se détermina

10 Rymer, vol. I. M. Paris. *Chron. Dunst.*

prudemment à retourner en Angleterre, et à dédaigner un titre incertain, qui, dans un instant d'ivresse, lui avoit coûté tous les fruits d'une vie laborieuse et frugale [11].

Chapître XXXIII.

A. D. 1257.

Cependant l'Angleterre respiroit toujours l'indépendance. La foiblesse du gouvernement de Henri, et l'absence de son frère encouragèrent l'audace des Barons. Ils osèrent, en plein Parlement, reprocher au Roi ses vexations, ses rapines et sa prodigalité envers des étrangers; ils lui demandèrent une extension de leurs priviléges; et les Historiens contemporains nous assurent que leur plan de réforme limitoit si étroitement l'autorité royale, que, s'il eût été accordé, jamais l'Angleterre, à l'avenir, n'eût eu à craindre les caprices et les violences d'un Monarque. Henri ne voulut consentir à rien, qu'à renouveler la Grande Charte, qui, d'après le desir des Barons, fut ratifiée avec l'appareil d'une grande cérémonie religieuse. Tous

11 M. Paris.

Part. I. A. D. 1257. les Prélats et Abbés s'y trouvèrent, portant à la main des torches allumées : on lut à haute voix la Grande Charte : et ils dénoncèrent une sentence d'excommunication, contre *quiconque* violeroit cette loi fondamentale : ils jetèrent ensuite leurs flambeaux à terre, en s'écriant : « Que l'ame de celui qui méritera cette sentence, répande ainsi en enfer une odeur infecte et corrompue » ! Le Roi qui prit aussi part à la cérémonie, ajouta : « Avec l'aide de Dieu, je conserverai inviolablement tous ces articles, foi d'Homme, foi de Chrétien, foi de Chevalier et foi de Roi couronné et sacré » [12].

Le Roi ne tarda pas à oublier la cérémonie effrayante, et ses promesses solemnelles. Les Barons renouvelèrent leurs plaintes et leurs prétentions. A la tête des mécontens étoit Simon de Montfort, Comte de Leicestre, fils du cruel Montfort, Chef de la Croisade contre les Albigeois; ambitieux comme son père, sous

12 W. Heming. M. Paris. M. West.

un masque hypocrite : c'étoit un homme d'une grande énergie ; il espéroit arracher le sceptre de l'Angleterre à la main foible et irrésolue de Henri, dont il avoit épousé la sœur. Il représentoit à ses partisans la nécessité de réformer l'Etat, et de confier l'exécution des loix en d'autres mains que celles qui, jusqu'ici, avoient toujours frustré leurs espérances et leurs travaux. Après tant d'essais infructueux, après tant de soumissions, de remontrances et de sermens stériles on n'a plus à compter, disoit-il, sur la parole du Roi ; et le seul moyen qui nous reste pour le contraindre à respecter les priviléges de la Nation, est de le mettre dans l'impuissance de les violer.

Chapitre XXXIII.

A. D. 1257.

Ces observations, fondées sur la vérité, et conformes aux sentimens de ceux auxquels Leicestre les adressoit, eurent l'effet qu'il s'en étoit promis. Les Barons résolurent de ne confier qu'à eux seuls l'exécution des loix ; et Henri, qui avoit assemblé un Parlement à Oxford, s'y trouva prisonnier au milieu d'une Cour

A. D. 1258.

Part. I.

A. D. 1258.

nationale : il fut obligé de souscrire à des conditions, qu'ils appelèrent *les Provisions* d'Oxford. D'après ces instituts provisoires, on choisit douze Barons, tous Ministres du Roi ; on en choisit douze autres parmi les membres du Parlement ; et l'on donna à ces vingt-quatre Barons une autorité sans bornes pour réformer l'Etat. Leicestre étoit à la tête de ce corps législatif, auquel on avoit réellement transféré le pouvoir suprême. Le premier pas de leur administration leur mérita la confiance et l'amitié du Peuple ; ils lui ordonnèrent de choisir quatre Chevaliers par Comté, qui seroient chargés de recueillir les plaintes des habitans de leur district, de faire des recherches pour peser les fardeaux dont ils étoient accablés, et de se présenter à la première séance du Parlement, pour y rendre un compte exact de la situation particulière de toutes leurs différentes provinces [13].

Bientôt le Comte de Leicestre et ses associés se voyant en état de tout entre-

13 Rymer, vol. I. M. Paris, *Chron. Dunst.*

prendre, ne cherchèrent plus qu'à s'agrandir aux dépens du Roi et du Peuple : depuis trois ans ils tenoient le Monarque et la Nation dans la servitude, n'ayant guère employé que pour s'enrichir eux et leurs partisans, le pouvoir illimité qu'on leur avoit confié. L'Angleterre parloit de vengeances ; le Pape, pour se ménager l'amitié de la Nation, dispensa le Roi et ses sujets du serment qu'on avoit éxigé d'eux, d'observer les provisions d'Oxford[14].

Chapitre XXXIII.

A. D. 1261.

Henri eut à peine reçu l'absolution du Pape, et les menaces d'excommunication contre tous ceux qui porteroient les armes contre lui, qu'il déclara, par une proclamation, sa volonté de reprendre le gouvernement; promettant toutefois, sauf les droits de sa couronne, d'exécuter tous les projets de réforme, proposés par les Barons. Mais ces Chefs ambitieux étoient loin de consentir à se laisser dépouiller de l'autorité souveraine, dont ils jouissoient depuis si long-tems : la plupart d'entr'eux adoptèrent les vues de Lei-

A. D. 1262

14 Id. in ibid.

Part. I. A. D. 1263. cestre, qui ne se proposoit rien moins que de s'asseoir sur le trône. La guerre civile fut renouvelée ; et aprés nombre de négociations infructueuses, les deux partis, avec toutes leurs forces, en vinrent aux mains près de Lewes, dans le Comté de Sussex, où l'armée royale fut totalement
A. D. 1264. ruinée. Ils firent prisonniers le Roi et le Prince Edouard son fils.

Après cette victoire, Leicestre, qui retenoit, malgré ses promesses, la famille royale dans les fers, agit, dans toutes les affaires, comme le seul maître du Royaume : il saisit, en tyran, les Etats de plus de dix-huit Barons, pour sa part des dépouilles gagnées à la bataille de Lewes ; il se donna aussi la rançon de tous les prisonniers, disant insolemment à ses Barons, qu'ils devoient se trouver assez contens qu'il les eût sauvés par sa victoire des proscriptions et des supplices, dont ils étoient menacés. Il disposa des finances et des emplois du ministère, tenant entre ses mains toutes les forces de l'Etat [15].

15 Rymer, vol. I. M. Paris. W. Heming. H. Kinghton.

Toute la Nation murmuroit, et il étoit impossible que les affaires restassent encore long-tems dans cette situation équivoque : il falloit que Leicestre descendît tout-à-coup au rang d'un simple particulier, ou qu'il usurpât violemment un pouvoir absolu : il ne pouvoit faire ni l'un ni l'autre sans danger. Pour écraser ses rivaux en puissance, et mettre le Peuple dans ses intérêts, il résolut de soumettre en quelque sorte les Cours royales, et les assemblées des Seigneurs à des assemblées *nationales*, c'est-à-dire, à des assemblées où le Peuple, qui est vraiment la Nation, seroit admis, et pourroit voter par des représentans de son choix. Depuis la conquête des Normans, jamais le Tiers-Etat n'avoit eu aucune part à l'administration de la chose *publique* : la Grande Charte, composée par les Seigneurs, avoit oublié les droits naturels de cette partie essentielle de la Nation, qui porta sans murmure, dans tous les tems, les plus grands fardeaux de l'Etat, et lui rendit les plus signalés services. Leicestre assembla donc un *nouveau*

Chapitre XXXIII.

A. D. 1264.

A. D. 1265.

Part. I. A. D. 1265. Parlement, où il fit entrer deux Chevaliers de chaque Comté, et quelques Députés des Bourgs. Ce fut lui qui introduisit le premier la Nation Angloise dans le Parlement de l'Angleterre ; et puisqu'il eut le premier, en nos tems modernes, l'honneur d'établir des assemblées *nationales*, toutes les Nations doivent du respect à sa mémoire.

Quelques Ecrivains, de mauvaise humeur, ont voulu persuader qu'il falloit chercher une autre origine à l'établissement de la Chambre des Communes ; cet établissement ne pouvoit être, disent-ils, au règne de Leicestre qu'une usurpation, puisqu'il avoit été formé par un Usurpateur : autant vaudroit dire que Scylla, lorsqu'il descendit du trône, pour remettre toute la puissance de la Dictature entre les mains du Peuple, ne fit pas une action sublime. D'ailleurs, comment oser appeler *usurpation* la *restitution* d'un droit naturel ?

Il est vrai que bientôt après la mort de Leicestre, les Seigneurs Anglois, indignés qu'on eût empiété sur leur autorité législative, fermèrent, presque au même instant, à la Nation leurs augustes assemblées : cela veut dire seulement que les droits du Peuple furent méprisés par les Seigneurs, ce qui n'est pas un phénomene fort étrange dans l'Histoire de notre Europe. Leicestre en fut-il moins l'auteur d'une institution courageuse, qu'on s'efforça d'anéantir à sa naissance, mais qui étoit si heureusement préparée pour détruire toute espèce de tyrannie, que bientôt les Rois et les Seigneurs ne purent venir à bout de réussir à rien, sans lui donner une consistance éternelle [16]? Le trésor-royal étoit épuisé, le Parlement offroit des Conseils, le Peuple réfusoit des impôts dont il ne sentoit pas la nécessité : mais on compta sur sa justice, et l'on ne fut pas trompé. On assembla tous les représentans du Peuple ; on leur exposa les besoins de la Patrie ; on discuta les affaires en leur présence, pour apprendre d'eux un moyen prompt et facile de réparer les pertes de l'Etat : car, disoient

Chapitre XXXIII.

A. D. 1265.

[16] En 1295.

Part. I.

alors le Monarque et la Noblesse, dans leurs édits de convocation : « Il est juste que les réglemens, qui intéressent tout un Peuple, soient approuvés de tout un Peuple; et toute la Nation doit réunir ses efforts pour repousser un danger qui menace toute la Nation » 17.

CHAPITRE XXXIV.

La France, depuis le règne de Philippe Auguste, jusqu'à la fin du règne de Louis IX, ordinairement appelé Saint Louis; avec quelques détails sur la dernière Croisade.

Chapitre XXXIV.

A. D. 1223.

BIENTÔT après le retour de Louis, chassé par les Anglois, mourut Philippe Auguste, son père, qui sut tant honorer, par sa valeur et par son génie, les drapeaux François à la Bataille de Bouvines. Aux dépens de la Monarchie Angloise, dont il détacha les plus belles provinces, il avoit tellement enrichi le Royaume de

17 Brady, *Treatise of Boroughs*, from the records.

France, qu'il le rendit à son fils deux fois plus considérable qu'il ne l'avoit reçu : et c'étoit avoir fourni à ses successeurs de nouveaux moyens de l'agrandir encore, et de soumettre à la France toute l'Angleterre, dont il avoit été bien près de consommer la conquête.

Chapitre XXXIV.

A.D. 1223.

Cependant Louis VIII ne fit rien pour la gloire de sa couronne. A peine monté sur le trône, où l'Imbécille ne fit que s'asseoir, malgré les saintes réclamations de la nature, il s'unit aux gens d'Eglise : lâche persécuteur, il se croisa contre les Albigeois, ennemis du fanatisme; et mourut dans cette expédition, comme son père l'avoit pressenti : il eut pour successeur son fils Louis IX. Pendant la minorité d'un jeune Prince, âgé de douze ans, les puissans vassaux de la couronne, sous le noble prétexte de l'indépendance, mais sacrifiant toujours à leur ambition les intérêts d'un Peuple abusé, s'efforcèrent d'établir, chacun dans ses Etats, une autorité absolue. La fermeté de Blanche de Castille, régente et mère de

A.D. 1226.

Part. I. Louis IX, dissipa les troubles qu'un esprit de révolte avoit répandus dans la Nation ; et sa prudence la maintint riche, heureuse et pacifique au milieu des plus grands orages.

A. D. 1235. Louis IX, à l'âge de vingt-un ans, prit les rênes de l'Etat ; et ses vertus d'homme et de fils annonçoient à la France un vrai patriote, fait pour honorer le métier de Roi, et à l'Europe entière un Prince digne de la réformer, si, par-tout où règnent les Prêtres, il étoit possible de penser jamais à éclairer les hommes, le seul moyen cependant de leur enseigner à trouver, dans ce *bas* monde, un peu de bonheur. Le caractère de Louis est peut-être le vrai modèle des bons Rois ; mais son heureux génie, comme stupide à la voix du fanatisme, ne put déchirer le fatal bandeau, qui cachoit la vérité à son siècle : il avoit une ame si belle, que la plus vile et la plus abjecte superstition des Moines ne put jamais étouffer, en son cœur magnanime, la justice et l'intégrité d'un grand homme. Dès qu'il n'agissoit plus comme l'instrument ou la victime des Prêtres, il montroit de la pudeur, de la candeur, de l'humanité, de la tolérance, de la raison. Il étoit magnifique en ses dons, en ses récompenses; et cette libéralité mérite d'autant plus nos éloges, que les Rois de France n'avoient alors pour revenus, que leurs biens propres, et non ceux des Peuples: comme le simple particulier, ils ne pouvoient rien donner que de leurs épargnes; le trésor public appartenoit à la Nation, et non point à des Ministres ignorans ou prodigues, toujours ennemis les uns des autres, pour se donner un air d'utilité; pour se ménager des ressources particulières, à l'instant où le Monarque les replonge dans la foule, d'où le hasard les fait sortir. Louis est peut-être le seul de tous les Souverains de notre Europe, qui sut prouver, par son exemple, que la justice la plus rigoureuse, et une profonde politique peuvent s'accorder. Loin de tirer avantage des troubles de l'Angleterre au règne de Henri III, ou de chasser des voisins dangereux des fertiles provinces qu'ils possédoient encore en France, il

Part. I. témoigna quelques doutes sur la justice de la sentence prononcée contre le Roi Jean, père de son rival : et si les Evêques ne lui eussent, dit-on, persuadé que le tyran, lâche et cruel, avoit été justement condamné, il alloit rendre à son successeur toutes les conquêtes de Philippe Auguste [1].

A. D. 1240. Lorsque Grégoire IX, après l'excommunication de Frédéric II, offrit l'Empire au Comte d'Artois, frère de Louis, le bon Monarque agit avec un noble désintéressement : et s'il ne refusa point le sceptre comme un bien étranger, dont le Pape ne pouvoit disposer à volonté, il sut toutefois répondre vigoureusement à Grégoire, que Frédéric lui avoit toujours paru bon catholique ; qu'il falloit lui envoyer des Ambassadeurs, pour s'assurer de ses sentimens religieux ; et que s'il étoit orthodoxe, il ne pouvoit y avoir aucun motif de lui enlever sa couronne ; que s'il n'étoit, au contraire, qu'un hérétique, on devoit porter

1 Nangius, *in vitâ Ludovici IX*.

la

la flamme et le fer au sein de son palais ; et sans rien ménager, pas même un Pape qui auroit péché contre la foi [2]. Chapitre XXXIV.

Le fanatisme rend si cruel, que ce bon Roi, vraiment généreux, compatissant et juste, se laissoit persuader que tout homme qui n'étoit pas de la religion de ses Prêtres, méritoit la mort ; il favorisa même le Tribunal de l'Inquisition confié aux Dominicains, et déja souillé du sang de tant de malheureux ; il crut faire une action très-agréable au Tout-puissant, d'entreprendre une guerre à outrance contre les Mahométans, appelés payens ; nom bisarre que les pauvres Mahométans ne méritoient guère ; car jamais Peuple, suivant les plus graves Historiens, et de l'aveu même d'un Ecrivain philosophe, ne fut plus fortement attaché, sans aucun mélange, à l'unité de Dieu [3]. Le cœur sensible de Louis devint la victime de cette frénésie atroce, que des Moines, in-

[2] Id in ibid.

[3] *Ess. sur les Mœurs*, chap. LXI. et aussi Nicolaï, *Versuch, uber den Tempelhern.*

Part. I. téressés aux troubles et aux brigandages, appeloient sacrifices, hommages, religion.

A. D. 1244. Attaqué d'une maladie violente, qui le priva de sa raison et presque de la vie, dans un accès de délire, il crut entendre une voix céleste qui lui ordonnoit de répandre le sang des infidèles : et ses premières paroles furent un vœu de recommencer une nouvelle Croisade : les remontrances les plus sages et les plus vives ne purent l'empêcher de prendre la Croix : il regardoit son vœu comme un lien sacré que la main des hommes ne pouvoit dénouer 4.

Cependant Louis, que nul motif ne pouvoit détourner de son expédition orientale, ne se pressa point de partir inconsidérément. Il passa quatre ans à préparer son voyage, et à veiller aux besoins de ses Etats, dont il laissa le gouverne-

A. D. 1248. ment à sa mère. Enfin, il met à la voile pour l'isle de Chypre, accompagné de sa femme, de ses trois frères, et de presque

4 Joinville, *Hist. de S. Louis.*

toute la Chevalerie de France. Arrivés dans l'isle, on résolut de faire une descente en Egypte, en ce que l'expérience leur avoit prouvé que l'on ne conserveroit jamais ni Jérusalem ni la Terre-Sainte, tant que ce pays resteroit entre les mains des infidèles [5].

Mais comme le Soudan d'Egypte n'étoit plus alors en possession de Jérusalem, la seule ambition de quelques François, abusant de la crédulité religieuse du pieux Monarque, put l'engager à tenter cette invasion ; ou même, ce qui sembleroit beaucoup plus probable, on ne forma ce projet téméraire, que par une ignorance absolue des affaires de l'Orient [6]. L'Asie, dans tous les tems, le siége d'une vaste Monarchie, presque toujours abîmée sous son propre poids, venoit de changer de face : toujours le théâtre des plus étranges

5 Id in ibid.

6 On étoit si peu instruit de ce qui se passoit dans cette vaste partie du monde, qu'un fourbe nommé David fit accroire à Saint Louis, en Syrie, qu'il venoit auprès de lui de la part du grand Kan de Tartarie, qui s'étoit fait Chrétien. *Ess. sur les mœurs, chap. LX.*

révolutions, ravagée par les Arabes et ensuite par les Turcs, elle devint soudain la proie des hordes Tartares, conduites par Genghiz-Kan, qui partit du fond de la Corée, à l'extrémité orientale de notre globe, étendit ses conquêtes sur plus de dix-huit cents lieues de l'orient au couchant, et plus de mille du nord au midi : il subjugua la Perse, jusqu'à l'Euphrate, l'Indostan et une grande partie de la Chine, toute la Tartarie, et les provinces frontières de la Russie.

Genghiz-Kan, prêt à conquérir la Chine entière, mourut alors même que Louis, encore enfant, se trouva possesseur d'une couronne; son vaste Empire, dont l'étendue imprime la terreur d'une Monarchie universelle, fut partagé entre ses quatre fils, qui l'agrandirent encore : ils demeurèrent unis jusqu'à la mort de leur frère Octay, son successeur, comme grand Kan ou Roi des Rois, qui avoit subjugué toute l'Egypte : alors un des petits-fils de Genghiz passa l'Euphrate, déposséda les Turcs de cette partie de l'Asie

Chapitre XXXIV.

mineure, qu'on appelle aujourd'hui Natolie, et détruisit la domination des Califes de Bagdad ; un autre porta la terreur en Pologne, dans la Hongrie, en Dalmatie, et jusqu'aux murs de Constantinople 7.

Ces Tartares d'Occident, endurcis aux fatigues, aux veilles, aux dangers, que la Nature, dès leur enfance, avoit forcés d'être libres ou de mourir, étoient des guerriers invincibles tant qu'ils savoient braver la faim et la soif, qu'ils ne vouloient d'autres délassemens à leurs travaux, que l'heureux sourire d'une compagne bien-aimée, entourée de ses nombreux enfans ; et qu'ils ne chérissoient d'autres besoins que ceux des animaux féroces de leurs déserts, le besoin de haïr la tyrannie ; car c'étoit-là l'instinct des Peuples du Nord. Les Scythes, les Gépides, les Turcs, les Scandinaves et les Francs nos ancêtres, furent tous les compagnons, et non les esclaves de leurs

7 De la Croix, *Vit. Genghiz-Kan.* *Mod. Univ. Hist.* vol. III, fol.

Part. I. Chefs, élus en plein champ, au bruit formidable des lances et des boucliers. Le Despotisme naquit long-tems après des besoins factices, inventés, à l'envi, par les esclaves et les tyrans. Là où il existe du superflu, il n'y a point de liberté, il n'y a point de tempérance, il n'y a point de santé, il n'y a point de courage : point de bonheur ; celui de la nature qui ne coûte rien, on le dédaigne ; on ne le connoît pas : il n'est plus de saveur exquise pour un palais blasé. Bénissez donc la Nature, qui tant de fois a forcé la Tyrannie elle-même à réveiller, avec ses fers, la Liberté qui repose au sein des mers ou dans les climats glacés du Nord. Et au réveil de la Liberté, la terre est inondée d'un autre espèce d'hommes primitifs, couchant l'hiver sur la neige, et l'été sur la rosée, se faisant un jeu de la chasse des bêtes carnacières, les tigres, les ours et les tyrans ; se précipitant, par milliers, tantôt sur l'Empire Romain, qu'ils renversent ; tantôt à l'orient et au midi, vers l'Arménie et la Perse ; tantôt vers les extrémités de la Chine, et jusqu'aux Indes. C'est pour exprimer sans doute ces éternelles révolutions, qu'un de nos plus sages Ecrivains a comparé le genre humain à un fleuve qui coule du nord au midi. Ces hordes de Mogols et de Tartares, qui avoient comme englouti l'Asie, par un débordement inattendu, parurent encore plus agrestes et plus terribles que les Huns, les Gépides et les anciens Scythes ; et comme les Goths s'étoient jetés autrefois sur la Thrace, quand ils furent chassés par les Huns du sein de leurs foyers, ainsi, les Korasmins, fugitifs devant les Tartares, se répandirent sur la Syrie et la Palestine ; et tandis qu'en Europe un Monarque en délire promettoit au Dieu des vengeances, d'aller noyer Jérusalem dans le sang, ils faisoient de ses habitans un massacre impitoyable [8]. Ce n'étoit pas au moins un motif de religion qui leur mettoit, comme aux Européens, les armes à la main ; par une loi de Genghiz-Kan, on ne pouvoit persécuter personne, pour ses opinions religieuses. Ces Mogols tailloient en pièces

Chapitre XXXIV.

8 Id. in ibid.

Part. I. les Chrétiens d'Orient, pour s'être unis au Sultan de Damas. Cependant les Chrétiens possédoient encore Tyr, Sidon, Tripoli et Ptolémaïs ; et quoique toujours divisés entr'eux, ils s'unirent cependant, pour implorer les secours de l'Europe, contre ces autres ennemis qui les menaçoient tous à la fois.

Telle étoit la situation de l'Asie et des Chrétiens d'Orient, lorsque Louis partit avec sa flotte pour les défendre contre les Korasmins ; mais, par un de ces motifs, que l'Historien peut à peine entrevoir, loin de faire voile pour la Palestine, lieu de la scène où il étoit appelé, il tourna ses armes vers l'Egypte.

Louis et sa prodigieuse armée, que transportèrent, dit-on, dix-huit cents vaisseaux, vinrent aborder près la ville de
A. D. 1249. Damiette, qui leur fut abandonnée contre toute espérance. Renforcé par de nouveaux secours arrivés de la France, il se trouva dans les plaines de l'Egypte, à la tête de soixante mille combattans, la fleur de son Royaume : on lui obéissoit rigoureuse-

ment comme à un Général vieilli dans les dangers, dont la valeur, la prudence et la probité ne laissoient aucun doute sur le vrai motif de ses ordres; on respectoit le grand Roi, qui donnoit l'exemple du courage; on le chérissoit comme un bon père, qui se dévouoit pour la cause commune; et cependant, loin d'avoir pu dompter l'Egypte et la Syrie, ces nouveaux Croisés n'y trouvèrent, comme tous les autres, que des fers et des tombeaux, et la honte d'être vaincus. Le séjour de Damiette corrompit l'armée de Louis; la débauche et ses tristes maladies firent périr la moitié de ses plus belles troupes; jusqu'à sa tente, qui étoit, dit-on, environnée de lieux de prostitution. L'autre moitié de son armée fut taillée en pièces par le Soudan, près de la Massoure; et il vit tuer à ses côtés son frère Robert d'Artois, et fut pris par les Musulmans, avec ses deux autres frères, le Comte d'Anjou, le Comte de Poitiers, et toute sa noblesse 9 ...

Chapitre XXXIV.

A. D. 1250.

9 Joinville, *Hist. de Saint Louis*.

Part. I.

La Reine Marguerite, apprenant que son époux étoit prisonnier, et se voyant assiégée dans la ville de Damiette, se jette aux genoux du Sire de Joinville, et le supplie de lui jurer, foi de Chevalier, qu'il lui tranchera la tête, si le Turc, en ses violences, commet quelque outrage à sa gloire. « Très-volontiers, répondit ingénuement le Sire de Joinville, j'avois déja eu pensée d'ainsi faire, si le cas y échéoit ». Mais il n'eut point la douleur d'être obligé de lui garder sa promesse. Damiette tint ferme contre les assiégeans; et l'on conclut un traité avec le Soudan d'Egypte. On rendit la ville pour racheter la liberté du Roi, et l'on paya mille pièces d'or pour la rançon des autres prisonniers [10].

Les plus vives instances ne purent déterminer Louis à rentrer en Europe avec les débris de sa flotte et de son armée; une bigotterie, impossible à décrire en notre siècle, lui fit entreprendre le pè-

10 Id in ibid.

nible voyage de la Palestine ; et il n'y fit rien d'utile ni d'honorable. Tandis qu'il s'abrutissoit par ses pélerinages ridicules, des troubles intestins jetoient les affaires de France dans un grand désordre.

Chapitre XXXIV.

La Reine mère, durant la captivité du Roi, avoit imprudemment permis à un Moine fanatique de prêcher une autre Croisade, pour la délivrance de son fils. Il se disoit l'envoyé des Anges et de la Vierge; et, profitant des nombreuses processions et des vertiges de la populace aux fêtes de la Nativité, il rassembla soudain, dans le même Peuple, près de cent mille hommes, qu'il appela *Pastoureaux*. On s'apperçut bientôt, à leurs rapines et à leur férocité, qu'ils méritoient bien mieux les noms de tigres et de loups dévorans : il fallut employer la force pour les disperser, pour les exterminer ; et l'on n'en triompha pas sans avoir répandu beaucoup de sang [11].

A. D. 1251.

11 Fontenay, *Hist. de l'Eglise Gall.* tom. XI. Boulay *Hist. Acad. Paris.* tom. III.

Part. I.

A. D. 1254.

La mort de la Reine mère détermina enfin le Roi pélerin à retourner dans ses Etats ; mais il n'y revient que pour préparer une Croisade nouvelle ; preuve trop douloureuse que les poisons du fanatisme forment des plaies incurables. Cependant il établit la justice du ressort, les sujets ne furent plus opprimés par des sentences arbitraires ; il ne permit pas même que son frère osât se mettre au-dessus des Loix : des Lettrés commencèrent à être admis aux séances de ces Cours plénières, où des Juges qui, rarement savoient lire, décidoient de la fortune et de la vie des malheureux cités à leur Tribunal despotique. On parle encore de nos jours, avec attendrissement, de ces arbres de Vincennes, sous lesquels il exerçoit souvent, en père de famille, les droits de l'homme juste qui sait faire aimer de sages Loix. Arbres sacrés et bénis tant de fois, c'est à l'ombre de vos feuillages que Louis acquit à soi-même et à son Royaume une gloire véritable, et qu'il répara tout ce qu'il étoit possible de réparer des malheurs de son absence [12] : c'est-là qu'il défendit ces petites guerres, jusqu'alors tolérées entre les grands vassaux, dans l'anarchie féodale : c'est-là qu'il se fit homme et citoyen ; et il substitua la preuve par témoins à des coutumes qui opprimoient toujours le foible ; et il eut le courage de sauver la France des entreprises téméraires de la Cour de Rome ; arbres de Vincennes, vous nous serez toujours chers !

La conduite de Louis envers ses voisins fut également exemplaire : le désintéressement et l'équité formoient la base de sa politique : et comme le premier devoir d'un Souverain est d'affermir la paix dans les Etats dont on lui a confié le gouvernement, il est au moins étrange que des Ecrivains modernes aient osé le blâmer d'avoir porté à l'excès la délicatesse de conscience : faudroit-il donc renoncer à toute droiture en montant sur le trône ; et quel seroit le peuple assez avili, pour exiger l'injustice par une loi de sa Constitution.

12 Id. in ibid.

Part. I.

A. D. 1258.

Louis céda à Jacques Ier, Roi d'Arragon, ses droits incontestables sur le Roussillon et la Catalogne, soumis à la France depuis le règne de Charlemagne, en échange contre certaine prétention de ce Prince sur plusieurs fiefs de la couronne en Provence et en Languedoc ; et il rendit au Roi d'Angleterre le Querci, le Périgord et le Limousin, seulement pour l'engager, par un traité solemnel, à renoncer à tous ses droits sur la Normandie, le Maine, et les autres provinces confisquées par la Cour de France : on trouve, dans ces nobles procédés, la justice unie à une administration éclairée. Les douze Pairs de France n'auroient jamais permis au Roi de disposer, à son plaisir, des domaines de la couronne [13]; et, d'un autre côté, Henri III, ayant toujours à la pensée une confiscation qui avoit humilié son père, auroit tout mis en œuvre pour harceler ses voisins; et Louis vouloit que son Peuple vécût en paix, ou du moins qu'il n'entreprît que des guerres saintes,

13 M. Paris,

qui font horreur en notre siècle, mais que le bon Roi croyoit alors un œuvre religieux, qui leur mériteroit des jouissances éternelles. Peut-être même le desir de recommencer une Croisade entra-t-il pour beaucoup, dans son traité de conciliation avec le Roi d'Angleterre, dans l'espérance de réunir, contre les payens, toutes les forces de son Royaume. Qui peut sonder les abîmes du cœur d'un Roi! Je ne dirai point qu'il est glorieux pour la France d'avoir compté jadis un Roi d'Angleterre au rang de ses vassaux; mais aujourd'hui que l'Angleterre, débarrassée d'un joug étranger, et gouvernée par une Constitution de son choix, est pour l'Europe un grand exemple du pouvoir naissant de la raison, il me semble qu'elle seroit un peu trop vaine de ne pas conserver pour la France, qui l'a soumise et éclairée tant de fois, le respect qu'on doit au courage et au génie. Louis auroit pu s'emparer de la Guienne et des autres provinces que le Roi d'Angleterre possédoit en France. Les querelles domestiques de son rival lui facili-

Part. I toient, dit-on, des moyens de réussir, dont il auroit dû faire usage, s'il n'eût pas perdu de vue toutes les maximes de la politique des Cours : mais, outre qu'il eût commis un acte de violence et d'usurpation, qui oseroit, à cette heure, nous assurer que sa puissance, trop considérable par de nouvelles acquisitions, n'eût point alarmé ses voisins ? Et c'est pour cet acte de justice, honoré de toute l'Europe, que la Nation Angloise rendit à la France, dans son Chef, un hommage bien senti de son respect pour elle. La
A.D. 1264. Grande-Bretagne nomma Louis IX, Roi de France, pour être Juge entre ses Barons et le Souverain ; et cela dans un tems où cette confiance ouvroit à ses armées les ports de l'Angleterre. Il annulla les Provisions d'Oxford, comme injurieuses à la gloire du Souverain : mais loin de sacrifier, au pouvoir arbitraire, les intérêts du Peuple Anglois, il voulut qu'il ne fût permis à personne d'envahir ses priviléges, ni de violer sa Grande Charte ; et si les Barons Anglois, en appelèrent à leurs épées, le jugement de Louis

Louis sera toujours un monument auguste de sa probité [14]. Chapitre XXXIV.

Ce qu'on a trouvé de blâmable dans la conduite de ce bon Prince, c'est d'avoir lâchement approuvé les traités de son frère, Charles d'Anjou, avec le Pape, qui lui offroit la couronne des deux Siciles. Les Pontifes avoient déja offert ce Royaume au Comte de Cornouailles, et encore au Prince Edouard, fils de Henri III, et à tous les Princes dont ils espéroient extorquer de l'argent et des hommages : on négocia l'affaire avec le Comte d'Anjou, frère du Roi de France. Ce Prince, tout à la fois ambitieux et rampant, accepte la couronne à des conditions honteuses : et Louis eut la foiblesse de laisser prêcher en France une Croisade contre Mainfroi, qui avoit usurpé le trône de Sicile à Conradin son neveu. Le Comte d'Anjou vole en Italie : avec de l'argent et des troupes, il se fait couronner à Rome ; et dans les plaines de Bénévent, A. D. 1266.

[14] Rymer, vol. I. *Chron.* T. Wykes. *Chron. Dunst.* M. Paris. W. Heming.

Part. I. il livre bataille à Mainfroi qui meurt en combattant ; le jeune Conradin, qui redemande le sceptre de son père, fait parler les droits de sa naissance et de son auguste famille si féconde en grands hommes : il intéresse par ses malheurs, qu'il n'a point mérités, et par sa valeur bien au-dessus de son âge. Il accourt à la tête d'une armée nombreuse, qui se trouve moissonnée : l'Usurpateur met dans les fers l'héritier légitime, et le Duc d'Autriche son oncle, tous les deux condamnés à un supplice honteux. A la requête d'un Pape, fils d'un Cordonnier, on fait monter, pour la première fois, un Roi sur l'échafaud. On laisse tomber le gant du jeune héros, qui le jette au milieu de ses sujets, déclarant qu'il cède tous ses droits à qui osera le venger ; et de sang froid ils virent sous
A. D. 1268. la hache d'un bourreau, le dernier rejeton d'une des plus illustres familles de l'univers, qui, depuis deux siècles de gloire, donnoit des Loix à la quatrième partie de l'Europe, et tenoit entre ses mains le sceptre de l'Empire ; cette barbarie fut

revêtue de toutes les formes d'une procédure judiciaire [15]. Et quel étoit donc le crime de ce jeune Prince, dont le Peuple soutenoit les droits ? Il étoit excommunié. Malheur à l'homme, né pour le crime, qui ne prend pas la peine d'examiner ce qu'on lui donne à croire !

Chapitre XXXIV.

A. D. 1268.

En conséquence de la révolution qui suivit tant de barbarie, Charles, Comte d'Anjou, s'établit sur le trône de Sicile avec ses Provençaux ; mais les anciens droits de cette isle furent anéantis, et elle tomba entièrement sous la juridiction du Pape. Cependant Louis, qui, par un respect aveugle pour Sa Sainteté Pontificale, ou par complaisance pour son frère, voyoit, avec indifférence, les droits des Nations violés, et couler sur l'échafaud le sang d'un jeune Prince dont il auroit dû honorer le courage, préparoit encore une autre Croisade contre les payens ; et au dix-huitième siècle, où l'on a peine à

15 Giannone, *Hist. di Nap.* Dans l'Histoire universelle de Schreokh, une gravure, où ce trait-là est représenté, fait frémir d'horreur.

Part. I.

croire à l'existence de ce tableau presque effacé de tant d'horreurs, le Philosophe, dont la voix ne peut se faire entendre au milieu des troubles de notre Europe, est souvent prêt de laisser tomber sa plume courageuse, n'espérant plus d'éclairer les hommes sur leurs intérêts; là, il voit l'Inquisition, dont les procédures illégales ont encore des partisans : et du côté de l'Allemagne, au sein de l'Angleterre, et même en France, si l'on en croit d'affreuses lueurs, on prépare des conjurations universelles, qui n'ont d'autre but que de soumettre de nouveau les droits de la raison à des Prêtres sans pudeur; à des Prêtres [16] !

Au nom de l'Eternel, ils armèrent, pour la troisième fois, le Roi bienfaisant et humain, qui leur promit d'aller encore au-delà des mers exterminer les payens ! Le bon Roi, auquel on faisoit

16 Voyez les Jésuites *chassés* de la maçonnerie, et leur poignard *brisé* par les Maçons. Et le vol. VIII. de *la Monarchie Prussienne*.

Chapitre XXXIV.

espérer la gloire de convertir le Roi de Tunis, étoit loin de soupçonner que Charles d'Anjou, son frère, faisoit servir à des projets ambitieux, sa simplicité héroïque. Ce Charles d'Anjou, entre les mains des Moines, et par conséquent hypocrite et cruel, cherchoit à se rendre maître de ce petit Royaume, situé près de l'ancienne Carthage. Le trop crédule Monarque, triomphant des saintes inspirations de la Nature, qui sembloit l'avoir donné à la terre pour le bonheur des hommes, descend sur les côtes d'Afrique, à force ouverte, pour avoir l'honneur de réciter un acte de foi à l'intention d'un Roi, qui permettra ou qui sera forcé de recevoir, à la plus grande gloire de Dieu, de l'eau et du sel sur sa tête couronnée. Quel bonheur, disoit-il, si je pouvois être le parrain d'un Roi Mahométan [17] : mais le Musulman, qui avoit en abomination la violence et les Moines, refusa de se prêter à une cérémonie religieuse, qui pouvoit bien être comme le A. D. 1270

17 Joinville, *in ibid.*

Part. I. croyoient les sages de son Empire, une allégorie respectable des mystères de l'ancien monde; mais dont l'établissement forcé ne lui paroissoit qu'une servitude, dont il ne vouloit pas souiller sa couronne; il voulut encore moins permettre que cette cérémonie fût en usage parmi son Peuple, pour le soustraire à un tribut payé à l'hypocrisie. Le Roi de Tunis n'eut pas besoin de livrer bataille; la peste, ce fléau terrible, détruisit, en peu de tems, l'armée Françoise; Louis voit expirer un de ses fils, et un autre tombe dangereusement malade, lorsque lui-même il est frappé de la contagion. Il mourut à
A. D. 1271. l'âge de cinquante-six ans, étendu sur la cendre, en ces lieux mêmes, où l'on assure que la fameuse Didon, Reine de Carthage, apporta les Dieux des Syriens. Les maximes qu'il laissa écrites de sa main, à son successeur, sont une preuve nouvelle de son amour pour la justice; il lui recommande de ne point les accabler de fardeaux arbitraires, sur-tout de retrancher les dépenses de sa maison, et de maintenir les franchises et les libertés

des villes du Royaume; « Plus elles seront riches et puissantes, lui disoit-il, plus tes ennemis et adversaires douteront de les assaillir ». Comparé aux Princes de son siècle, Louis fut, sans contredit, le plus grand. On célèbre encore aujourd'hui sa fête, le 25 du mois d'Août; ce jour-là on donne un grand concert à tout Paris, en plein air, sur un échafaud dressé dans le jardin des Tuileries. Ce fut Louis IX, dit Saint Louis, qui institua un ordre de Chevaliers, encore très-respectable et très-respecté, quoiqu'il soit vrai, comme l'ont remarqué des étrangers, qu'il ait été accordé trop souvent à des Gîtons, à des Proxénètes, ou à des hommes-d'argent [18].

Chapitre XXXIV.

Philippe, fils et successeur de Louis IX, qui l'avoit accompagné dans sa dernière expédition, et qui fut prêt de mourir avec son père et plus de la moitié de l'armée,

[18] Auch ist ihm zu Ehren fur verdiente Krieger der Orden des Heiligen Ludwigs gestiftet worden, der eine noch ruhmlichere Belohnung seyn wurde, wenn man ihn nicht bisweilen fur Geld ertheilt hœtte.

Gesch. der Franzosen. Von J. M. Schroekh, a. *Zeit.* p. 145.

Part. I. recouvrit enfin la santé : il tint la plaine contre les Musulmans, et sauva les restes de l'armée Françoise ; ce qui le fit appeler Philippe le Hardi [19].

CHAPITRE XXXV.

L'Espagne, depuis le milieu du onzième siècle, jusqu'à la fin du treizième.

Chapitre XXXV. L'ESPAGNE étoit déchirée par les Maures et par les Chrétiens, tous les deux en proie aux guerres civiles. Vers le milieu de l'onzième siècle, Ferdinand, fils de Sanche, surnommé le Grand, Roi de Navarre et d'Arragon, remit sous sa puissance la vieille Castille, et le Royaume de Léon, dont il dépouilla son frère, qu'il

A. D. 1037. tua dans la bataille. Alors la Castille devint un Royaume, et Léon une de ses provinces [1].

19 Joinville, *ubi sup.* Mezeray, tom. III. Hénault, tom. I.

1 Mariana, *Hist. Gen. de Espana.*

Sous le règne de Ferdinand, vivoit Don Rodrigue, qui en effet épousa Chimène, dont il avoit tué le père. Ceux qui ne connoissent cette histoire que par la Tragédie de Corneille, si fameuse « Dans le siècle passé », a dit Voltaire, supposent que Ferdinand possédoit l'Andalousie; et ils se trompent. Le Cid commença d'abord ses fameux exploits, par aider Don Sanche, fils de Ferdinand, à dépouiller ses frères et ses sœurs de l'héritage que leur avoit laissé leur père; mais Don Sanche ayant été assassiné dans une de ces expéditions injustes, ses frères, plus heureux, rentrèrent en possession de leurs Etats.

Chapitre XXXV.

A. D. 1072.

Comment l'Espagne n'eût-elle pas alors été souvent troublée par les guerres civiles? Elle avoit près de vingt Rois; et un nombre considérable de Seigneurs indépendans venoient à cheval, armés de toutes pièces, et suivis de quelques Ecuyers, offrir leurs services aux Princes et aux Princesses qui étoient en guerre. Les Princes, à qui ces Chevaliers s'engageoient,

Part. I.

leur ceignoient le baudrier, et leur faisoient présent d'une épée, dont ils leur donnoient un coup léger sur l'épaule; et ce fut-là l'origine des Chevaliers errans, et de tant de combats particuliers, qui, pendant si long-tems, désolèrent l'Espagne.

Un des plus célèbres de ces combats fut celui que se livrèrent les Chevaliers, après la mort de ce Roi, Don Sanche, assassiné en assiégeant sa sœur Auraca, dans la ville de Zamore. Trois Chevaliers soutinrent l'innocence de l'Infante contre Don Diègue de Lara, qui l'avoit accusée. Don Diègue renversa et tua deux Chevaliers de l'Infante; le cheval du troisième, ayant les rênes coupées, emporta son maître hors des barrières, et le combat fut jugé indécis.

De tous les Chevaliers Espagnols, le Cid se distingua le plus contre les Maures. Plusieurs Chevaliers vinrent se ranger sous sa bannière, et tous ensemble, avec leurs Ecuyers et leurs Gens-d'armes, composoient une armée couverte de fer, montés sur les plus beaux chevaux du pays. Aidé de leurs secours, le Cid vainquit plus d'un Roi Maure ; et s'étant fortifié dans la ville d'Alcassar, il s'y forma une petite souveraineté.

Chapitre XXXV.

Le plus illustre de tous les travaux du Cid fut le siége de la ville de Tolède, que son maître, Alphonse VI, Roi de la vieille Castille, entreprit contre les Maures. Le bruit de ce siége, et la réputation du Cid, appelèrent de l'Italie et de la France, beaucoup de Chevaliers et de Princes : entre autres Raimond, Comte de Toulouse, et Prince du sang François, de la branche de Bourgogne. Le Roi Maure, nommé Hiaya étoit fils d'Almamon, un des plus généreux Princes dont l'Histoire ait conservé le nom, et qui, dans cette ville même de Tolède, avoit donné un asyle au Roi Alphonse, que son frère Sanche persécutoit alors. Ils avoient long-tems vécu ensemble dans la plus étroite amitié ; et cet Almamon, loin de retenir Alphonse, quand il devint Roi par la mort de Sanche, lui avoit ouvert ses trésors ; et l'on

A.D. 1084.

Part. I. dit même qu'ils s'étoient séparés en pleurant : mais le fanatisme qui régnoit alors, ordonnoit, par la voix des Prêtres, toutes ces atrocités, comme des sacrifices demandés par le Dieu des Chrétiens. Plus d'un Prince Maure sortit de la ville assiégée, pour reprocher au Roi Alphonse son ingratitude envers le fils de son ancien bienfaiteur ; et il y eut plus d'un combat singulier sous les murs de Tolède.

Le siége dura une année : enfin la ville
A. D. 1085. capitula, à condition que les Maures conserveroient leur religion et leurs loix, et qu'on respecteroit leurs personnes et leurs biens [2]. Toute la Castille-neuve, après cette victoire, ne tarda pas de se rendre au Cid, qui en prit possession au nom d'Alphonse; et Madrid, petite place qui devoit être un jour la capitale de l'Espagne, passa dans la main des Chrétiens.

Immédiatement après la réduction de Tolède, Alphonse convoqua une assemblée

2 Rod. Tolet. *de Reb. Hisp.* Mariana, *ubi sup.* Ferreras, *Hist. de Espana.*

d'Evêques, laquelle, sans le concours du peuple, autrefois nécessaire, élut à l'Episcopat de cette ville, un Prêtre nommé Bernard, à qui le Pape Urbain II, conféra la primatie d'Espagne, à la prière du Roi, qu'il détermina enfin à vouloir établir la Liturgie Romaine et son Rituel, au lieu du Missel Gothique ou Mosarabique, alors en usage dans Tolède. Les Espagnols défendirent avec zèle l'ancien usage des prières de leurs ancêtres; le Pape les forçoit de recevoir le Rituel, qu'il avoit sanctifié de son *infaillible* suffrage. Les esprits s'échauffèrent; et, au mépris de la raison, le Pape, qui fit semblant d'être juste, convint de décider par le duel la véritable manière dont il seroit permis de prier le Créateur. Deux champions d'élite se combattirent dans toutes les règles de la Chevalerie: le Champion du Missel Mosarabique remporta la victoire, mais le Roi et l'Archevêque surent obtenir, contre toutes les loix de la justice et de l'honneur, une épreuve qu'ils nommèrent plus solemnelle: on convint de jeter au feu les deux Missels,

Chapitre XXXV.

A. D. 1085.

Part. I.

promettant d'adopter celui des deux qu'il respecteroit : il est probable qu'ils furent également brûlés, a dit Voltaire et quelques Historiens célèbres qui l'ont copié. Je crois qu'il seroit plus sage d'en douter; on ne connoît pas assez les mystères de la Nature, et les miracles de l'ambition [3].

3 De nos jours une association formidable, qui s'est en général emparée d'une société mystique, composée de quinze à vingt millions d'hommes en Europe, vient de consommer en Allemagne un trait d'effronterie, qui pourra nous expliquer le miracle du Missel Romain, respecté par un feu préparé à loisir. Ils ordonnèrent au jeûne *Masius*, un de leurs initiés, d'écrire de sa main je ne sais quelle demande à faire aux S. I. (Lettres allégoriques qu'on explique aux initiés par *Superiores Incogniti*, Supérieurs Inconnus ; et qui ne sont rien que l'emblême de la société *intérieure* des Jésuites, *qui n'a jamais été détruite*, qui n'a jamais été connue de leur société *extérieure* qui *seule* est restée exposée aux poursuites du monde entier, et dont la chûte qui paroissoit entraîner celle de l'Ordre, a trop rassuré les ennemis du Despotisme et de la Superstition (S. I.) *Societas Jesuitarum*. Voyez *les Jésuites* chassés *de la maçonnerie, et leur poignard* brisé *par les Maçons*, 1788).

L'initié, Masius, jeta sa lettre dans le feu sacré, ou feu de Vesta ; et lorsqu'on lui eût ensuite commandé de la reprendre, il n'y trouva point ce qu'il avoit écrit ; mais une réponse de ses *Supérieurs Inconnus*, toujours *invisibles* aux jeunes initiés ; et qu'il leur faut toujours *adorer* comme des *esprits purs*, qui ont la nature à leurs ordres.

Cette anecdote est tirée d'une correspondance très-in-

Chapitre XXXV.

Heureusement que ces miracles et quelques autres aussi naturels[3], ne sont plus exclusivement en la puissance des Moines. Le Pape et la force triomphèrent. On eut ordre de se servir en ses prières d'un Missel écrit dans une langue étrangère ; cependant on fut obligé de tolérer, en quelques endroits, le Rituel Mosarabique[4].

téressante, et d'un homme d'un grand poids, adressée au Rédacteur du Mercure de France, en 1787. Cette correspondance n'a point été imprimée.

Ce qui paroîtroit incompréhensible, si l'on ne connoissoit pas un peu l'amour-propre et l'aveuglement de nos *infaillibles* Dictateurs, c'est de les avoir vus sourire dédaigneusement à des faits aussi effrayans, et regarder, comme une *étrangeté* ingénieuse et bisarre, ce que les vrais savans, et les généreux amis de l'humanité, ont au même instant accueilli de tous leurs éloges, appuyés de travaux semblables, qui, depuis long-tems, les occupoient en secret contre *la plus redoutable conspiration qui ait encore menacé la raison et la liberté humaines*. V. le liv. VIII de la *Monarch. Pruss.* par M. le Comte de Mirabeau, 1788. Objections aux *associations secrètes de l'Allemagne*, par M. le Comte de Windisch-Grœtz. *Essai sur les Illuminés*, par M. le M. de L**. 1789.

[3] On laisse souvent tomber à terre les idées nouvelles, parce que pour les bien saisir il faut avoir aussi des idées à soi ; et dans tous les siècles, ces gens-là sont assez rares.

[4] Rod. Tolet. *de Rebus Hispanis*. Mariana, *ubi suprà*. Ferreras, *Hist de Espana*.

Part. I. Alphonse, par politique ou par un penchant de son cœur, augmenta les Etats qu'il devoit à la valeur du Cid, en épousant la fille du Maure Abenhabet, Roi de Séville, qui lui céda plusieurs villes en dot : et on lui reproche d'avoir, conjointement avec son beau-père, appelé en Espagne le Miramolin d'Afrique. Quoiqu'il en soit, le Miramolin vint fondre sur l'Espagne ; et loin de l'aider, comme il s'y attendoit, à réduire à l'obéissance les petits Princes Maures, il tourna ses armes contre Abenhabet, s'empara de Séville, et devint pour le Roi Alphonse
A. D. 1097. un voisin dangéreux [5].

Cependant le Cid, à la tête de son armée de Chevaliers, subjuguoit le Royaume de Valence. Il y avoit alors en Espagne peu de Rois aussi puissans que lui ; mais toujours fidèle au Roi Alphonse, il ne prit jamais les marques de la dignité royale : toutefois il gouvernoit Valence avec l'autorité d'un Souverain, respecté de toutes

5 Rod Tolet. *de Reb. Hisp.*

les Nations, qui lui envoyoient des Ambassadeurs. Après sa mort, qui arriva peu de tems avant la prise de Séville, les Rois de Castille et d'Arragon continuèrent leurs persécutions contre les payens ; et l'Espagne, où commandoit le fanatisme, ne fut jamais plus sanglante et plus désolée.

Chapitre XXXV.

Un autre Alphonse, surnommé le Batailleur, Roi de Navarre et d'Arragon prit Saragosse sur les Maures ; et cette ville, qui, dans la suite, devint la capitale du Royaume d'Arragon, ne retourna plus en leur pouvoir : ce Prince étoit presque toujours en guerre contre les Chrétiens et les Musulmans ; ces derniers remportèrent enfin sur lui une victoire si complète, qu'il en mourut de douleur quelques jours après, léguant son Royaume aux Templiers : c'étoit encore ordonner des guerres civiles par ses dernières volontés. Quelques Historiens ont assuré que ce testament insensé ne pouvoit être valide, les Templiers n'étant pas alors assez puissans pour le soutenir : cette raison-là

A. D. 1118.

A. D. 1134.

Part. I.

A. D. 1234

ne satisfait point; n'y auroit-il pas un autre motif de trouver absurde le testament du Batailleur, en ce qu'on ne peut léguer un bien qui n'est pas le nôtre; et que le sceptre, en tout pays où régne la raison, appartient à la Nation, et nullement à un Chef qui le tient de la bonne volonté de ses égaux? Autrement les Templiers auroient un droit véritable à la couronne d'Alphonse, et leur expulsion ne seroit qu'une injustice à ajouter à toutes les indignités qu'on leur fit éprouver dans la suite [6], et qu'ils s'attirèrent en partie [7]. Les Etats d'Arragon élurent pour leur Souverain, comme ils en avoient le droit, un Don Garcias Remicro ou Ramire, frère du Roi dernier mort, Moine depuis quarante ans, Evêque depuis quelques années, et incapable de gouverner. Le Peuple de Navarre proclame, de son côté, un autre Prince, qui descendoit de leurs

6 *Versuch uber den Tempelherrn-orden.* Von Fried. Nicolaï. Berlin 1782.

7 V. les *Jésuites chassés de la maçonnerie*, ect. part. I. où l'on a donné l'analyse des *trois* professions de l'ordre des Templiers.

anciens Rois ; et les troubles de cette division de la souveraineté, exposèrent les deux Etats à devenir la proie des Maures. Fort heureusement ils reçurent les prompts secours d'Alphonse VII, Roi de Castille, qui avoit déja triomphé plus d'une fois des Musulmans ; et par reconnoissance pour sa protection, les Arragonois lui cédèrent la ville de Saragosse, et le Roi de Navarre lui fit hommage : ce qui enfla tellement le cœur d'Alphonse, qu'il affecta le titre d'Empereur d'Espagne [8].

Chapitre XXXV.

A. D. 1134.

Cependant, au milieu de ces révolutions, Alphonse Henriquez, Comte de Portugal, reçut de ses soldats le titre de Roi, après une bataille gagnée sur les Maures ; et avec les secours des Croisés, il leur ravit Lisbonne. En cette occasion, le Pape Alexandre III, fidèle à la politique Italienne, voulant que tous les pays conquis sur les Infidèles, appartinsent au Saint-Siége, réclama son prétendu droit de souveraineté sur le Portugal ; et Al-

A. D. 1147.

[8] Rod. Tolet. *de rebus Hispanis.*

Part. I. phonse, pour avoir la paix, lui accorda politiquement un tribut annuel de deux marcs d'or, en recevant une bulle de Rome, qui lui conféroit la dignité royale,
A. D. 1179. et un droit infaillible aux Etats qu'il avoit usurpés 9.

Encore un peu de courage, et l'on eût entièrement chassé les Maures de l'Espagne ; mais il falloit pour cela que les Chrétiens Espagnols, qui se faisoient toujours la guerre, eussent été réunis entre eux. Enfin, le sentiment d'un grand danger, qui les menaçoit tous à la fois,
A. D. 1211. les força de s'unir vigoureusement, et même d'implorer, dans leur détresse, les secours de tous les autres Princes de l'Europe.

Mahomet Ben Joseph, Miramolin d'Afrique, ayant passé la mer avec une armée de près de cent mille hommes, bientôt augmentée de toutes les forces des Maures d'Andalousie, se promettoit la conquête entière de l'Espagne. Le bruit de ce grand

9 Neufville, *Hist. Gén. de Port.*

armement réveilla l'attention du continent Européen ; une foule d'aventuriers vinrent s'unir aux Rois de Castille, d'Arragon et de Navarre ; le Royaume de Portugal leur fournit aussi des troupes ; et les deux armées de l'Europe et de l'Afrique, se rencontrèrent dans les défilés de la montagne noire, ou Sierra Morena, sur les confins de l'Andalousie, et dans la province de Tolède. Alphonse le Noble, Roi de Castille, commandoit au centre de l'armée Chrétienne, et l'Archevêque de Tolède le précédoit, portant la Croix : le Miramolin, également au centre de son armée, marchoit revêtu d'une robe magnifique, tenant le Coran d'une main, et un sabre dans l'autre. La bataille fut longue et sanglante : les Chrétiens l'emportèrent [10] ; et le seizième de Juillet, où fut gagnée cette victoire, est encore aujourd'hui un jour de fête dans la ville de Tolède.

Chapitre XXXV.

A. D. 1212.

Les suites de cette victoire ne furent cepen-

10. Rod. Tolet. *de Reb. Hisp.*

Part. I.

dant pas aussi heureuses qu'on auroit pu l'espérer. Aussi-tôt après la bataille, presque tous les Chrétiens s'en retournèrent chez eux; et tandis que les Maures d'Andalousie se fortifioient des débris de l'armée Africaine, celle des Chrétiens se trouva dispersée. Mais quoique les Chrétiens parussent ainsi négliger leurs intérêts, en laissant à leurs ennemis le tems de se rallier et de se renforcer, les Maures employèrent ces momens précieux à se porter des coups plus dangereux que ne l'auroient pu faire les Chrétiens réunis; tous les Etats des Maures, en Espagne et en Afrique, furent bouleversés par des dissentions civiles; et la naissance d'une foule de Dominations rivales détruisit entièrement le pouvoir des Infidèles.

C'étoit donc enfin le tems, disent les Historiens de cette Nation vaine et superstitieuse, marqué par le Ciel en ses décrets, pour la gloire de l'Espagne et l'expulsion des Maures. Ferdinand III, que ses compatriotes ont appelé Saint Ferdinand, pour avoir attisé de ses mains

le feu de l'Inquisition qui alloit brûler Chapitre
des hérétiques, prit aux Infidèles la fa- XXXV.
meuse ville de Cordoue, résidence des A.D. 1236.
premiers Rois Maures; et Jacques I, Roi
d'Arragon, leur enleva l'isle de Major- A.D. 1238.
que, et les chassa du beau Royaume de
Valence. Saint Ferdinand asservit encore
la fertile province de Murcie, et se rendit A. D. 1248.
maître de Séville, la plus opulente ville des
Maures [11]. Enfin la mort arrêta ses entre- A. D. 1252.
prises; et si les honneurs de l'Apothéose sont dus à ceux qui ont délivré leur patrie, l'Espagne révère, avec justice, le nom de Ferdinand III.

Alphonse X, surnommé l'Astronôme ou le Sage, fils de Saint Ferdinand, travailla, comme son père, à la gloire de l'Espagne; mais d'une manière bien plus humaine. Ce Roi philosophe, rival des Arabes dans les sciences, a prouvé à la postérité qu'il mérita l'Empire, par son recueil de Loix, appelé *Las Partidas*, un des fondemens de la Jurisprudence

[11] Id. in ibid.

Part. I. Espagnole. On lui doit, dit-on, la première Histoire d'Espagne, écrite en Castillan; et les Tables astronomiques connues sous le nom d'Alphonsines, quoique dressées par des Arabes, sont encore aujourd'hui la gloire de son règne, et un bienfait de son amour pour les sciences. Dans sa vieillesse, il vit son fils Don Sanche se révolter contre lui; et ce bon Prince fut réduit à la douloureuse nécessité de se liguer avec les Maures contre son propre sang, et des Chrétiens rebelles. Ce n'étoit pas la première alliance des Chrétiens avec les Musulmans, contre d'autres Chrétiens : mais celle-là du moins étoit juste.

A. D. 1283.

Alphonse appelle à son secours le Miramolin d'Afrique, qui passa la mer à sa première instance; et les deux Monarques se virent à Zara, sur les confins de Grenade. Le Miramolin céda la place d'honneur à Alphonse qui l'avoit imploré : « Je vous traite ainsi, dit-il, parce que vous êtes malheureux, et je ne m'unis avec vous, que pour venger la cause commune de tous les Rois, et de tous les pères » [12]. Chapitre XXXV.

Les rebelles furent vaincus; mais le bon Roi, calomnié, on ne sait pour quel motif, par des Historiens modernes, ne survécut pas long-tems à sa cruelle victoire; et le Miramolin ayant été obligé de repasser en Afrique, le fils dénaturé usurpa le trône de Castille, qui appartenoit aux enfans du premier lit. Ce Don Sanche, que de grands malheurs avoient fait sage, régna heureusement; et Ferdinand IV, son fils, enleva Gibraltar aux Maures [13]. A. D. 1303.

La mort de ce Ferdinand IV, que les Historiens Espagnols appellent Ferdinand l'*Ajourné*, a quelque chose de remarquable, qui tient à l'histoire de l'esprit humain. Il ordonna dans un accès de colère, de précipiter deux Chevaliers qui l'avoient offensé; avant d'être précipités, ils l'ajournèrent à comparoître devant Dieu dans trente jours; et il mourut au bout

[12] Ferreras et Mariana, *ubi supr.*

[13] Ibid.

Part. I. de ce terme [14]. Il seroit à souhaiter que «ce conte», a dit Voltaire, fût véritable, ou du moins cru tel par ceux qui pensent pouvoir tout faire impunément. Cette remarque est plus ingénieuse que philosophique. Jamais l'erreur, qui peut faire le bien passager de quelque être misérable, ne peut être utile au genre humain. Je sais que la voie droite n'est pas facile à tracer ; mais à mesure qu'elle se forme ; on gagne toujours, on arrive plutôt. Le voyageur, épuisé de fatigues, se crée une vie nouvelle, pour atteindre un but lointain qui frappe ses regards. S'il est toujours tombé d'erreurs en erreurs, tout prêt d'achever ses travaux il se laisse mourir découragé: toutes ses peines sont perdues. Dans une route pénible, mais bien tracée, il eût au moins travaillé jusques-là; un autre en auroit eu moins à faire pour réussir. Si vous avez un cœur d'homme, ne recommandez jamais l'imposture qui mène à l'esclavage et au crime. Vous souhaitez d'épouvanter les tyrans, que ne dites-vous aux Peuples

14 Ferreras, *Hist. de Espana.*

là vérité sans voile et sans ambages : Peuples de la terre, les Rois ne sont que vos hommes de confiance; et si les ingrats vous outragent, par leurs injustices, vous avez droit de les punir.

Chapitre XXXV.

CHAPITRE XXXVI.

L'Angleterre, depuis la création de la Chambre des Communes *sous Leicestre, jusqu'à son établissement parfait et constitutionnel sous le règne d'Edouard I*[1], *avec une Introduction à l'Histoire d'Ecosse, quelques détails sur sa conquête, et la réduction absolue du pays de Galles.*

Chapitre XXXVI.

A. D. 1265.

RESTES du plus vertueux des Peuples, réveillez-vous ; pensez à vos antiques honneurs, à ce nom d'*Homme-Franc*,

1 Avant la conquête des Normans, il y avoit déja eu en Angleterre trois Rois de ce nom : mais comme si les Normans eussent réellement fait des Anglois des hommes indépendans et glorieux, on ne compte les règnes que depuis la Conquête. --- Ajoutez à cela que depuis la descente des Normans en Angleterre, cette isle, si souvent conquise avant eux, ne l'a plus été.

Part. I. — A. D. 1265.

encore le plus beau titre que puisse desirer, chez toutes les Nations, un véritable ami de l'humanité. Soyez attentifs. Dans ces tems modernes, est-il une époque plus intéressante à méditer en nos Histoires que la création de la Chambre des Communes en Angleterre, puisque le Peuple Anglois, tant de fois cité pour un grand modèle, en fait de Loix impartiales ou nationales, doit sa liberté toute entière à cette heureuse institution ?

Si notre Europe moderne doit à la Nature un Shakespeare et un la Fontaine, tous deux nés dans l'indigence, et sans honneurs étrangers ; tous deux à part, et inimitables, nous devons à la Constitution Angloise un Lord Chatham, un Junius Brutus, et le spectacle majestueux d'un grand Peuple, dont le plus foible citoyen marche l'égal des Rois, et pour réclamer ses franchises ne leur offre point à genoux des complaintes et des doléances.

Cependant vers le onzième siècle on

alloit encore sur les côtes de la Grande-Bretagne chercher des bêtes à figure humaine, pour les vendre sur le Continent [2]. Chapitre XXXVI. A.D. 1265.

Fuyez donc ces méchans, avilis par l'esclavage et par le crime, qui calomnient sans pudeur l'espèce humaine. Elle ne va point toujours en dégénérant; mais la Nature, dont les loix sont éternelles, n'a point changé la forme de son travail. Si vous n'avez des yeux que pour voir au pied de l'echelle, là, c'est toujours un sol ingrat et fangeux; un peu plus haut s'anime la plante balsamique, sous les regards de l'être sensible qui va monter à l'état d'homme. Et dans cette classe qui, sans doute, n'est pas la dernière réservée à l'être qui pense, quelques favoris de la Nature semblent avoir déja quelque chose de la Divinité, *créant* des hommes, à leur Image, bienfaisans, éclairés, et éternels comme eux.

Modernes Législateurs, vous flétrissez

[2] V. Gul. Malmesb. lib I. et aussi le vol. I. de cette Histoire, depuis la page 397, jusqu'à la page 409.

Part. I. A. D. 1265. le cœur de l'homme, si, par vos institutions corruptrices, vous faites soupçonner à un seul être sensible, que sans le hasard de sa naissance, il ne seroit pas né pour la vérité, qu'on lui eût cachée ! Principes d'esclavage, vous avez eu des approbateurs !

Jetez un grand regard sur de sages Loix, fruits de l'expérience et du génie, lesquelles donnent à nos contemporains un caractère national, une patrie, et des mœurs qui tendent à s'épurer toujours. L'homme, (je parle de l'espèce humaine en général,) paroît avoir été, dans tous les tems, le même à sa naissance; des circonstances accidentelles ont seules changé les formes et le génie d'un siècle. L'éducation la plus sévère ne donnera point à tel ou tel homme des idées mâles, et une belle forme; elle ne fera point un aigle d'un serpent : mais pour le perfectionnement insensible, inévitable et universel de l'espèce, comptez sur le cœur de l'homme, toujours échauffé d'une flamme sacrée, qui le porte sans cesse à s'élever à la majesté de sa destinée. Un jour « Il sera Dieu » [3]. Jeune homme, ouvre tes bras, sens-tu l'Univers s'agrandir ?

Chapitre XXXVI.

A. D. 1265.

Tandis que des histrions et des esclaves s'étourdissent, avec leurs cris stériles et leurs feintes amitiés, pour faire semblant d'être sensibles et heureux, sache te recueillir pour être utile; et tu verras, qu'en dépit des méchans, il est, même sur la terre, pour le cœur de l'homme de bien, de célestes jouissances.

Quelques Ecrivains, au lieu de faire sentir l'utilité de la Chambre des Communes en Angleterre, s'arrêtent de sang froid pour disputer à Leicestre cet honneur. Des Historiens n'ont pas même parlé de Leicestre; mais ils ont placé sous son règne l'époque où les *Communes* eurent entrée dans le Parlement d'Angleterre [4].

3 *Genes.*, chap. I, vers. 26.

4. Parlant des troubles des Barons Anglois en 1264 : voilà, dit l'Abbé de Condillac, l'époque où les Communes eurent entrée dans le Parlement d'Angleterre. *Cours d'étude pour l'instruction du Prince de Parme.* Vol. XII, p. 83.

Part. I.

A. D. 1265

Qu'on refuse, si l'on veut, d'appeler la création de la Chambre des Communes, sous Leicestre, qui n'étoit pas Roi, une institution légale et constitutionnelle. Etrange esprit de système! Il faut du moins avouer, avec l'Histoire, que ce fut, dès sa création primitive, un grand remède aux maux de l'Angleterre; et parce qu'un remède n'aura point la vertu de guérir sur l'heure notre blessure, oserez-vous nier son utilité préparatoire à d'autres remèdes plus efficaces, qui bientôt viendront attaquer le siége du mal. Ingrats!

La Grande Charte, qui forme la Constitution de l'Angleterre, est un peu antérieure [5] à la création de la Chambre des Communes, sous Leicestre; mais l'Angleterre doit aux Communes, ou Tiers-Etat, la sanction de cette fameuse Charte, tant de fois violée, après de vains sermens arrachés aux Despotes à l'heure du danger; et aussi-tôt oubliés, dès qu'ils n'avoient plus de révolutions à craindre.

5 19 Juin 1215.

On

Chapitre XXXVI.

A. D. 1265.

On obligea d'abord les Communes de se borner à approuver, sans contradiction, les arrêtés du Monarque et des Seigneurs ; c'étoit avoir beaucoup obtenu. Le Peuple ne se trouva plus dans la dangereuse nécessité de l'insurrection pour expulser du gouvernement de la chose publique ses prétendus Ministres et Protecteurs, qui ne faisoient que multiplier la tyrannie, présente à toutes les affaires. Sans avoir déja voix délibérative, on lui permettoit au moins d'exposer légalement ses griefs et ses espérances.

Ensuite, les Représentans du Peuple voulurent honorer leurs emplois; ils essayèrent leur audace : et se formèrent, peu-à-peu, à un grand coup-d'œil politique. Dès Monarques ambitieux, et des Seigneurs indisciplinables, sollicitèrent tour-à-tour la voix des Représentans du Peuple, qui trouvoient par-là des moyens nouveaux et plus faciles, pour se soustraire, à la fois, aux caprices des tyrans et à l'anarchie des grands Seigneurs. Depuis cette heureuse institution, on a vu se renouveler si

Part. I.

A. D. 1265.

fréquemment les mêmes effets dans les mêmes occurences, qu'on pourroit, ce me semble, sans trop de témérité, poser comme un axiome en politique, que — Toutes les fois qu'il se formera entre les Grands d'un Etat une lutte, à-peu-près égale, de tyrannie, les droits du Peuple commenceront à devenir respectables; en ce que le parti qui voudra perdre ses rivaux, sera toujours obligé, pour réussir, de mettre le Peuple de son côté.

Alors il arrive que si les Seigneurs révoltés l'emportent, le Peuple a tué *un* tyran: mais si le Monarque, assez grand pour sentir qu'un pouvoir arbitraire n'est pas fait pour l'homme, veut triompher de ses ennemis, il le pourra sans verser du sang. Qu'il donne lui-même au Peuple le sceptre de fer, pour le briser et tuer la tyrannie.

Quand Leicestre eût usurpé l'autorité souveraine, les Seigneurs Anglois, encore puissans et ses rivaux, demandèrent à

Chapitre XXXVI.

A. D. 1265.

partager le sceptre de la tyrannie, qui pesoit sur la Nation. Leicestre, usurpateur d'un grand pouvoir, pour écraser les Barons, ses égaux, flatta le Peuple; et il réussit contre eux en tout ce qui étoit juste : mais dès que l'hypocrite, affectant des vertus de Moine, osa punir des Seigneurs sans un jugement légal, ces Barons, qui redevenoient alors de simples citoyens offensés, trouvèrent des partisans : tout citoyen craignit un sort semblable; et l'on recommença une autre lutte de tyrannie, précisément parce qu'on avoit bien plus cherché à diviser le pouvoir arbitraire qu'à l'anéantir.

On courut aux armes. Le Prince Edouard trompa la vigilance de ses surveillans. Son évasion imprévue releva les espérances de la Nation. Bientôt ce Prince, extrêmement cher au Peuple, fut à la tête d'une armée qui fit trembler Leicestre et ses partisans; il lui présenta la bataille à Evesham. Quand l'Usurpateur apperçut l'excellente disposition de ses ennemis, et leur contenance : « Que Dieu ait pitié de nos ames, dit-il,

Part. I. A. D. 1265.

car je vois que nos corps sont à Edouard : il a appris de moi l'art de la guerre [6]. »

Leicestre avoit fait placer à dessein le vieux Henri à la tête de son armée. Le bon vieillard, que son armure rendoit méconnoissable, venoit de recevoir une blessure, et alloit être mis à mort, lorsqu'il s'écria dans sa douleur : « Sauvez-moi la vie ; je suis Henri de Winschester, votre Roi » [7]. Edouard, son fils, courut à sa défense, et sauva ses jours.

La victoire d'Evesham, où Leicestre fut tué, remit le sceptre dans les mains de Henri. Mais, ce qui est bien rare quand un Roi soumet à l'obéissance des sujets révoltés, on ne vit alors, dans le gouvernement, aucune de ces révolutions qui consolident ou augmentent les priviléges de la couronne. Henri n'exigea de la Nation Angloise aucun sacrifice ; il respecta ses droits et ses franchises. La clémence du bon Roi fut extrême ; le sang

6 W. Heming. M. Paris.
7 W. Heming. lib. III.

Chapitre XXXVI.

ne coula point sur l'échafaud. Son fils, par sa prudence et sa fermeté, modéra l'insolence des grands Barons ; la paix fut rendue à l'Angleterre.

Alors le Prince Edouard, excité par les sollicitations de Saint Louis, et par un fol amour de gloire, entreprend une expédition à la Terre-Sainte. Il y fait trembler les Mahométans, s'y distingue par de si grands exploits, que les Sarrazins alarmés employèrent pour l'assassiner un scélérat qui, heureusement, ne le blessa qu'au bras, et paya sa témérité de sa vie[8]. A. D. 1270.

Cependant l'Angleterre, sous le vieux Henri, incapable de la gouverner, éprouvoit de nouveau les désordres d'une mauvaise administration ; non-seulement des maisons particulières étoient pillées par des bandits et des assassins, des villages entiers étoient sans cesse exposés aux insultes d'une troupe de brigands impunis[9]. Henri III rappelle son cher Edouard, et

[8] M. Paris. T. Wykes.

[9] Chron. Dunst.

Part. I.

le conjure de soutenir un sceptre qui échappe à ses mains languissantes. Accablé d'ennuis, et pleurant l'absence de
A. D. 1271. son fils, il meurt dans la soixante-quatrième année de son âge, et la cinquante-sixième de son règne.

Henri III, le Monarque de l'Angleterre qui soit resté le plus long-tems assis sur le trône, n'a presque point régné. Un naturel trop doux et trop facile le conduisit à des foiblesses, qui causèrent à son Peuple de grandes calamités : s'il manquoit à ses promesses c'étoit par insouciance, et non par trahison. En lui parlant du bonheur de son Peuple, on le trompoit sans effort ; il se prêtoit aux leurres des courtisans : c'étoit un bon et loyal citoyen, qui n'étoit pas né pour être Roi ; état de crise et de sacrifices pour qui sentiroit l'importance de ses devoirs.

Le Prince Edouard, qui accouroit aux ordres de son père, arrivoit à peine en Sicile, qu'il y apprit sa mort. A son passage dans la Bourgogne, il fut défié par les Chevaliers François à des faits d'armes, où il se couvrit de gloire. Il fit hommage au Roi de France des provinces qu'il avoit dans ses Etats, et se rendit enfin aux vœux d'un Peuple opprimé, qui l'invoquoit en ses prières, comme un Dieu protecteur.

Chapitre XXXVI.

A. D. 1274.

Le règne d'Edouard I forme un nouvel ère dans l'Histoire de la Grande-Bretagne.

A peine assis sur le trône de l'Angleterre, Edouard, qui avoit rendu son nom respectable et cher dans son Royaume et sur le Continent, consacra ses premiers soins à réprimer des abus que les troubles intestins et la foiblesse d'un Prince, qui ne savoit ni manier ni conduire les affaires d'un grand Empire, avoient fait naître dans ses Etats, en apportant le désordre et sa corruption dans toutes les parties du gouvernement. Sa police, vraiment sévère, annonçoit toutefois un Monarque généreux et rempli de sagesse. Impartial dans la distribution de la justice : rigide exécuteur des loix; c'étoit à la fois pro-

Part. I. téger les derniers ordres de l'Etat contre les vexations des Seigneurs, et diminuer insensiblement le pouvoir arbitraire des Magistrats et des Nobles. Excepté dans les cas extraordinaires, les priviléges accordés aux Barons par la Grande Charte, formoient toujours la règle de sa conduite envers eux; son principal devoir étoit encore de les forcer à respecter les droits et les franchises que cette même Charte accordoit à leurs vassaux. De si beaux commencemens, et ses mesures équitables et vigoureuses, qui assuroient le repos et la liberté des citoyens, faisoient regarder son trône comme un asyle universel contre l'oppression, et comme un sanctuaire où reposoit la foudre qui puniroit l'infracteur des loix [10].

Edouard, comme ces héros de l'ancienne Grèce, transporté d'une ardeur qui ne pouvoit être oisive, après avoir travaillé au bonheur de ses sujets, jura de tirer
A. D. 1276. vengeance de Lewellyn, Prince de Galles, qui, sous le dernier règne, avoit soutenu

10 M. West. T. Walsingham.

la cause des rebelles, et dont les deux frères David, et Roderigue, étoient venus à sa Cour implorer sa protection, pour réclamer leurs possessions, et lui aider à enchaîner leur patrie. Chapitre XXXVI.

Le Prince de Galles n'avoit pour se défendre contre les forces supérieures du Roi d'Angleterre, que ses montagnes, jusqu'alors inaccessibles, qui avoient si long-tems protégé ses ancêtres contre les Saxons et les Normans. En conséquence il se retire, avec ses plus braves sujets, dans les rochers de Snowdon : mais Edouard, qui n'avoit pas moins de prudence que d'activité dans sa politique, pénétra, sans lui livrer bataille, jusques dans le cœur du pays, repoussant, avec sagesse, l'armée Galloise jusqu'en ses derniers retranchemens. Il eut soin d'abord de s'assurer de tous les défilés par où il passoit, et il évita soigneusement de mettre à l'épreuve la valeur de la Nation Galloise, fière de son ancienne indépendance. Se confiant davantage aux effets lents, mais inévitables de la famine, il contraignit A.D. 1277.

Part. I. enfin Lewellyn à se soumettre à des conditions [11].

A. D. 1277.

Ces conditions, quoique assez dures, furent cependant mal observées par les vainqueurs. Les Anglois opprimoient et insultoient les habitans de tous les districts qu'on leur avoit abandonnés. Ces Peuples indignés reprirent leurs armes : et déja le Monarque ambitieux rentra dans leurs montagnes, flatté de saisir un prétexte pour achever la conquête entière du pays de Galles. Il confia le commandement de son armée à Roger Mortimer; et se retira dans le Château de Rudhlan, pour y attendre le succès de son entreprise. Lewellyn, qui s'aventura hors de ses déserts, fut défait par Mortimer, et tué dans l'action avec deux
A. D. 1283. mille de ses partisans. Toute la Noblesse Galloise se soumit à Edouard; et les loix de l'Angleterre furent établies dans cette Principauté [12].

11 T. Wykes.

12 T. Walsingham. T. Wykes. *Annal. Waverl.* Powell, *Hist. Wales.*

Pour conserver sa conquête, Edouard eut recours à une politique barbare. David, frère de Lewellyn, et son successeur à la Principauté de Galles, honteux d'avoir mendié les secours d'un ennemi qui préparoit des fers à sa patrie, avoit pris les armes pour la défendre, et soutenir ses droits d'hérédité; le vainqueur le fit pendre, écarteler, fit attacher aux poteaux de l'infamie ses membres dispersés dans les principales villes du Royaume; et l'on planta sa tête à côté de celle de son frère. Chapitre XXXVI.

Il commit un acte de cruauté bien plus abominable. Désespérant, avec raison, de pouvoir jamais asservir l'esprit indépendant des Gallois, à qui des Bardes indomptés savoient peindre si éloquemment les horreurs de l'esclavage et les jouissances de la liberté, il ordonna de rechercher tous ces Bardes, et de les égorger [13]. A. D. 1284.

Depuis cette conquête, le fils aîné des Rois d'Angleterre prend toujours le titre de Prince de Galles.

[13] Sir J. Wynne.

Part. I. La conduite d'Edouard, envers l'Ecosse, est un peu plus excusable : il s'agissoit de savoir si l'Ecosse étoit indépendante, ou devoit rendre hommage aux Rois d'Angleterre. Voici l'état de la question.

Quand les Romains rappelèrent leurs Légions de la Bretagne, les Ecossois et les Pictes, qui habitoient le nord de cette isle, accoururent apporter le ravage dans toutes les parties méridionales ; ils furent repoussés, mais jamais vaincus par les Saxons; et les premiers Normans étoient trop occupés sur le Continent, pour étendre leurs conquêtes au-delà du Tweed. Cependant les Ecossois et les Pictes se livrèrent durant plusieurs siècles, d'horribles combats ; et Kenneth II, le soixante-neuvième Roi d'Ecosse, suivant la tradition, avoit obtenu sur les Pictes une victoire complette [13], et réuni, sous une seule Monarchie, tout le pays aujourd'hui connu sous le nom de Bretagne Septentrionale. Les Ecossois devinrent alors for-

13 En 838.

midables ; et n'ayant plus de querelles particulières qui les occupassent, ils étoient toujours prêts à se joindre aux Anglois mécontens, et faisoient avec eux de fréquentes incursions sur les frontières de ce Royaume. Dans une de ces incursions, Guillaume, Roi d'Ecosse, fut vaincu et fait prisonnier ; et Henri II avoit non-seulement exigé pour sa rançon des sommes immenses, et une promesse de lui abandonner les plus fortes places de ses Domaines ; mais il l'avoit encore obligé à lui faire hommage de tout son Royaume. Richard Cœur-de-Lion, plus généreux que son père, mais beaucoup moins politique, renonça bientôt solemnellement à ses prétentions d'un droit d'hommage, et il annulla toutes les autres conditions très-dures, que Henri II avoit imposées à Guillaume. La Couronne d'Ecosse redevenoit donc alors indépendante ; et le Monarque du nord de cette isle ne rendoit hommage à l'Angleterre, que pour quelques fiefs qu'il y possédoit [14], de la

[14] Voilà ce qui a causé tant de querelles et de méprises parmi les Historiens.

Part. I. même manière que le Roi d'Angleterre lui-même juroit foi et loyauté au Roi de France, pour les différens fiefs dont il héritoit dans ses Etats : mais à la mort A.D. 1286. d'Alexandre III, près d'un siècle après la captivité de Guillaume, Edouard I, cherchant à tirer quelque avantage des troubles de l'Ecosse, réclama le droit de souveraineté, que Richard I avoit abandonné [15].

Comme Alexandre III, Roi d'Ecosse, n'avoit point laissé d'enfant mâle, et que Marguerite de Norwége, sa petite-fille et son héritière, ne lui survécut pas longtems, le droit de succéder appartenoit aux descendans de David, Comte de Huntingdon, troisième fils du Roi David I. Dans cette autre branche de la famille royale, deux illustres Compétiteurs, réclamant la couronne, se mirent sur les rangs ; Robert Bruce, fils d'Isabelle, seconde fille du Comte David, et Jean Bailleul ou Baliol, petit-fils de Marguerite,

[15] Buchanan, *Hist. Scot.*, lib. VIII. Robertson, Book I.

la fille aînée; tous deux originaires de Normandie, et descendans, par les femmes, du frère de Guillaume, Roi d'Ecosse. Bailleul, fils de la sœur aînée, avoit, suivant les droits de succéder alors établis, l'avantage d'un premier degré de proximité; et ses titres à la couronne d'Ecosse n'étoient pas douteux: Bruce réclamoit en sa faveur le droit de primogéniture, établi par les loix féodales. La question parut embrouillée, car les deux Compétiteurs avoient chacun de puissans partisans, également intéressés à leurs succès.

Chapitre XXXVI. A. D. 1286.

Dans cette situation critique, le Parlement d'Ecosse, pour éviter les malheurs d'une guerre civile, adopta le dangereux projet d'en appeler à Edouard I, pour juger les droits des parties, et terminer la querelle.

Les deux Compétiteurs consentirent à le choisir pour arbitre de leurs différens; ce fut alors que ce Prince ambitieux et entreprenant, déja maître du pays de

Part. I.

Galles, résolut de se rendre maître de l'isle entière de la Bretagne, en faisant revivre d'anciennes prétentions à une souveraineté féodale sur le Royaume d'Ecosse. Sous le prétexte d'examiner l'affaire avec

A. D. 1291.

la plus grande solemnité, il invita tous les Barons Ecossois à le venir joindre au Château de Norham, situé sur les bords méridionaux du Tweed ; et après en avoir séduit plusieurs, intimidé quelques autres, il fit consentir tous ceux qui étoient présens, sans en excepter Bruce et Bailleul, les deux Compétiteurs à la couronne, à reconnoître l'Ecosse un fief de l'Angleterre, et à lui faire hommage de vassalité comme à leur Souverain ou Seigneur-Lige [16].

Ensuite Edouard, pour ne pas rendre inutile une sentence qu'il n'auroit pas eu la force de faire exécuter, obtint encore des Barons, sous cet autre prétexte, qu'on lui remît la possession du Royaume en litige, afin d'être en état de le livrer sans

16 Rymer vol. II. W. Heming., vol. I.

troubles

troubles à celui des deux Compétiteurs, auquel il appartiendroit, après la discussion de leurs prétentions. Cette demande parut exorbitante, mais les Barons accordèrent au Roi d'Angleterre ce qu'il ne paroissoit desirer que pour le bien de leur patrie. Bruce et Bailleul, avec un peu de répugnance, consentirent, l'un et l'autre, à remettre entre les mains d'Edouard toutes les forteresses du Royaume. Le Roi d'Angleterre, qui avoit promis de prononcer l'année suivante, tint sa parole, et donna son jugement en faveur de Bailleul, parce qu'il le regardoit, si l'on en croit un Historien respectable [17], comme le moins à craindre des deux Compétiteurs. Toutefois, d'autres Historiens modernes ont remarqué avec sagacité que la sentence d'Edouard, non moins équitable que solennelle, paroît avoir été dictée par un esprit de justice. Non content de s'en rapporter aux considérations de cent quarante Commissaires Anglois et Ecossois, il avoit proposé la question aux plus cé-

Chapitre XXXVI.

A. D. 1292.

[17] Robertson, *Hist. Scotland*, Book, I.

Part. I. lébres Jurisconsultes de l'Europe, dont A. D. 1292. la réponse avoit été uniforme en faveur du petit-fils de la sœur aînée. Bailleul renouvela le serment de foi et hommage à l'Angleterre, et fut mis en possession du Royaume d'Ecosse [18].

Edouard ayant ainsi établi ses injustes prétentions d'une supériorité féodale sur l'Ecosse, commença bientôt à vouloir être le Souverain absolu de ce Royaume. Il essaya de provoquer Bailleul par des indignités, dans l'espérance de l'engager à quelque révolte, qui lui servît d'un prétexte plausible pour le dépouiller de sa couronne; juste punition d'un traître qui n'auroit pas mérité ses bontés. De fréquentes citations à la Cour d'Edouard, où il étoit obligé de comparoître en personne, firent sentir à Bailleul le poids de la dépendance; et malgré la douceur de son caractère, il résolut de secouer un joug odieux qui avilissoit sa couronne et son Peuple. Pour se ménager des ressources

18 Rymer, vol. II. W. Heming. vol. I.

et des vengeurs, il se lia secrètement avec la France, alors armée contre l'Angleterre.

Chapitre XXXVI.

A. D. 1295.

Toutes ces guerres, et de nouveaux préparatifs pour soumettre l'Ecosse, obligèrent Edouard à recourir fréquemment aux subsides parlementaires : et ces subsides multipliés ne suffisoient pas encore à ses énormes dépenses. Ce fut alors qu'il forma le dessein de mettre dans ses intérêts la Chambre des Communes, qui, depuis nombre d'années, n'avoit plus ni voix ni entrée au Parlement d'Angleterre. Il s'adressa donc politiquement à cette partie essentielle d'une Nation, qui toujours travaille, toujours paie, prodigue son sang, et n'importune jamais le trône, pour en obtenir des récompenses qui l'endorment dans la mollesse, et la mettent au-dessus des loix [19]. Edouard ordonna donc aux

[19] Si la Noblesse demande des honneurs et des privilèges, pour prix de *son sang versé pour le Roi*, que donnera-t-on à ce Peuple qui le répand par flots ? Où périt un grand Seigneur, dix mille citoyens périssent. *Le sang du Peuple*, a dit M. Cérutti, *est-il donc de l'eau?*

Part. I.

A.D. 1296.

Shériffs ou Chériffs [20], d'envoyer au Parlement deux Chevaliers de la province, avec deux Députés de chaque bourg dans la Comté, munis, par leur Communauté, de pouvoirs suffisans *pour consentir aux impôts* qui seroient jugés nécessaires, et pour maintenir l'honneur de la Nation.

Il ne s'agissoit point alors de parler au Peuple de ces droits, prétendus sacrés, parce qu'ils sont antiques, toujours soutenus par la ruse et la violence, et toujours cachés à l'œil d'un Peuple, toujours aveuglé et abruti à sa naissance. Point de ces conventions qui sont toutes à sa charge, et toutes au profit de ses Maîtres durs, et insatiables de richesses. Les amis de l'humanité se réunirent, et forcèrent les Grands à briser les fers du Peuple, à délier sa langue; ils lui rendirent l'usage de la vue [21]. Comme la

20 Un *Schériff*, en Angleterre, est un Magistrat annuel, dont les fonctions sont à-peu-près les mêmes que celles de nos Prévôts en France.

21 Le fils de Marie, ce grand Législateur, que nous adorons sous le nom de Jésus, étoit loin de nous enseigner

liberté qu'on accordoit au Peuple n'étoit point insidieuse, il sentit le bienfait de cette justice, et pardonna aux Rois et aux autres Puissans, des calamités et des forfaits, qui furent rejetés sur de mauvaises institutions.

Chapitre XXXVI.

A.D. 1295.

Les Echevins et les autres Conseillers, ou Votans pour les Communes, donnèrent à leurs Députés ou Représentans des Commissions pour discuter et traiter ces affaires avec le Roi et le Parlement : et leurs demandes, soumissions et délibérations furent soutenues et ratifiées par les bourgs qui les avoient choisis [22].

Au lieu de contrôler et d'anéantir l'autorité du Roi, ils se rangèrent tous de son côté ; et dès qu'ils n'eurent plus à trouver en lui que le premier Chef de

qu'il fallût aveugler le pauvre Peuple. Il ne disoit point comme nos hypocrites modernes : « Aveuglons l'infortuné, qu'il ne voie pas nos brigandages ». Il rendoit la vue aux aveugles nés, à ces hommes du Peuple, dont le premier regard étoit pour lui un regard de bénédiction.

[22] Brady, *Treatise of Boroughs*, From the Records. *Reliquiae*. Spelm.

Part. I. A. D. 1295.

la Communauté, l'appui des loix nationales, la source des graces, ils l'appelèrent, du fond de leurs cœurs attendris, LE PÈRE COMMUN; et dans leur piété filiale, ils se dévouèrent, sans autre intérêt que celui de tous, à protéger son repos contre l'ambition des Nobles et des Prêtres, qui savent créer des obstacles innombrables aux meilleurs desseins.

Le Roi à son tour, par reconnoissance et pour sa gloire, et pour triompher d'ennemis acharnés à le perdre, donna de l'importance à cet *ordre* de citoyens, toujours utiles, et jamais dangereux à qui ne veut pas consommer leur ruine [23]. Les Pairs d'Angleterre furent aussi obligés, à l'exemple du Souverain, de montrer quelque respect pour ces Communes, qui faisoient un Corps.

[23] *Ce n'est qu'improprement que le Tiers est appelé un Ordre; il est la Nation; il n'a point d'intérêt de Corps à défendre: son unique objet est l'intérêt national.* Voyez les belles et courageuses *instructions, envoyées par le Duc d'Orléans*, page 24. 1789.

Chapitre. XXXVI.

Cet établissement de la Chambre des Communes, qui n'avoit été, si l'on veut, sous Leicestre, qu'un expédient pour écraser des rivaux, et usurper l'autorité souveraine, devint, sous Edouard I, une règle de gouvernement; et dans la vingt-troisième année de son règne, reçut une forme Constitutionelle.

Observez que du moment où ce Peuple, ce Tiers-Etat, que de prétendus grands hommes ne veulent pas qu'on déchaîne et qu'on éclaire, est entré dans les Conseils de la chose publique; il y a porté la liberté véritable, fondée sur l'égalité commune; des loix impartiales qui élèvent le cœur de l'homme, et lui font sentir qu'il faut donner à tous pour recevoir de tous.

Dès-lors il n'est rien entré d'absolument arbitraire dans l'administration de la chose publique; la Grande Charte n'a plus été violée; le commerce et les arts utiles ont enrichi un Peuple régénéré, que des calamités sans nombre sembloient avoir dé-

Part. I. gradé pour toujours. Depuis ces heureux tems, le *Peuple* de l'Angleterre est respectable par ses mœurs. Un pied de terre où le Peuple est compté pour quelque chose, a vu l'Europe entière dans la crainte et dans l'admiration ! Et du sein de l'Angleterre, où *le Peuple* a élevé la voix, de grandes espérances ont insensiblement regagné notre continent, et rechauffé tous les courages.

On parle toujours d'anciens efforts, d'anciens abus, et nous sommes d'hier 24. Attendez au moins que dans notre con-

24 L'âge de la raison et de la saine philosophie n'a commencé pour l'*espèce humaine*, que du jour où les hommes ont trouvé l'art de répandre à la fois sur la surface du globe leur expérience et leurs lumières. Heureux jour ! où les vrais gens de bien, toujours plus nombreux, à mesure que les Nations s'éclairent, ont été assurés que pas une de leurs pensées ne sera perdue, que le plus foible rayon de lumière s'attache au flambeau de la raison ; et que ce flambeau, toujours plus pur, par les erreurs même qu'il dévore, passera, d'âge en âge, aux siècles à venir, malgré les efforts réunis de la superstition qui n'est bientôt plus qu'hypocrisie, et malgré toutes les noires machinations du despotisme, qui n'exista jamais où le Peuple l'a soupçonné.

tinent, ce Tiers-Etat, qui est *tout*, qui, depuis long-tems, n'a *rien* été, soit enfin devenu *quelque chose* dans l'ordre politique; et bientôt les hypocrites seront plus démasqués, auront moins d'intérêt à défendre et entretenir des mensonges qui ne les enrichiront plus : l'égoïsme, qui flétrit les courages, disparoîtra pour toujours avec la tyrannie, l'athéisme et le célibat des Prêtres; la véritable gloire sera plus honorée, la vie mieux comprise. Et l'Espagnol, aujourd'hui passif et presque stupide, formera peut-être, plutôt qu'on ne pense, d'après la Constitution Angloise, et cette autre Consitution que les François attendent avec transport et reconnoissance, et une autre belle Constitution, qui pourra servir de modèle au monde entier, pour consacrer à jamais les saintes loix de la Nature et d'un pacte social 25.

25 Voyez un Mémoire de M. l'Abbé Syeyes, qui a pour titre *Qu'est-ce le Tiers-Etat?* 1789; excellent Ouvrage où l'on a mis, avec beaucoup d'art et de génie, à la portée de tout Lecteur de bonne-foi, ces principes du Pacte social que Montesquieu n'osoit avouer, et que J. J. Rous-

Part. I.

A. D. 1295.

A. D. 1296.

Edouard employa les secours que lui donna la Nation, à des préparatifs de guerre contre le Roi d'Ecosse. Il cita Bailleul à un Parlement Anglois qui se tenoit à Newcastle, le sommant de lui rendre les devoirs du Vasselage. Mais ce Prince, qui s'étoit fait dispenser par le Pape Célestin de son serment de fidélité, refusa de faire hommage de son Royaume ; il envoya même un défi au Roi d'Angleterre : cette bravade fut mal soutenue par les opérations militaires des Ecossois. Edouard à la tête de trente mille piétons et quatre mille chevaux, passa le Tweed sans avoir à combattre. Berwick fut pris d'assaut, et l'armée Ecossoise entièrement défaite près de Dunbar : toute la partie méridionale du Royaume fut subjuguée ; et le timide Bailleul, mécontent de ses propres sujets, et effrayé par l'armée Angloise, au lieu de faire usage des ressources qui lui restoient, se hâta de se soumettre au

seau a si éloquemment développés dans son Contrat social, que les Prêtres et les Aristocrates ont fait brûler par la main du Bourreau : ce qu'il ne faut pas trop oublier.

vainqueur. Il témoigna le plus grand repentir d'avoir refusé l'hommage de son Royaume à son Seigneur-lige ; et par une renonciation solemnelle et irrévocable, il résigna sa couronne à Edouard [26].

Chapitre XXXVI.

A. D. 1296.

Le Roi d'Angleterre s'avança vers le nord de l'Ecosse jusqu'à Aberdeen et Elgin, sans trouver un seul ennemi. Aucun Ecossois ne vint à lui, que pour lui payer des respects et lui rendre hommage. Jusqu'aux turbulens montagnards, toujours rebelles à leurs Princes et même aux loix, qui s'efforcèrent, par une prompte obéissance, de prévenir la ruine de leur pays. Alors Edouard, ne trouvant plus en Ecosse d'ennemis à combattre, y laissa le Comte Warrenne, Gouverneur du Royaume, et avec son armée victorieuse s'en retourna en Angleterre [27].

Il y avoit en Ecosse une pierre fameuse, qu'une ancienne superstition populaire,

26 Rymer, vol. II. Heming., vol. I. Trivet. *Annal.*
27 Id. ibid.

Part. I. A. D. 1296.

regardoit comme un gage éternel de bonheur et d'indépendance. Elle servoit de trône à leurs Rois le jour de leur couronnement. On la conservoit à Scone, comme le palladium de la Monarchie ; Edouard la fit emporter en Angleterre, et détruisit les annales, les registres et tous les monumens de l'antiquité, qui pouvoient conserver la mémoire de l'indépendance des Ecossois, et servir d'un prétexte de réclamation contre les droits de souveraineté qu'il venoit d'établir sur ce Royaume. Le grand sceau de Bailleul fut brisé ; ce Prince lui-même fut emmené à Londres ; et on l'enferma dans la tour [28]. Deux ans après on lui rendit la liberté, et il se soumit à un exil perpétuel en France, où il mourut en simple particulier, sans avoir tenté de nouveaux efforts pour recouvrer son Royaume.

Croyant avoir asservi l'Ecosse pour toujours, Edouard ne songea plus qu'à se venger de la France qui lui avoit enlevé

28 W. Heming. Thomas Walsingham.

Chapitre XXXVI.

A. D. 1296.

la Guienne, par un artifice semblable à celui dont il s'étoit servi contre les Ecossois. Philippe IV, dit Philippe-le-Bel, Roi de France, l'avoit cité à comparoître, comme Duc de Guienne et son vassal, devant ses Pairs, pour s'y laver d'un crime de trahison contre son souverain Seigneur, l'accusant d'avoir permis à ses sujets de saisir quelques vaisseaux Normans, et de leur avoir refusé satisfaction : Edouard, qui ne comparut point devant ses Pairs, fut déclaré coupable de félonnie, et la Guienne fut confisquée et réunie à la couronne de France. Ce fut en vain que pour la recouvrer il envoya le Comte de Lancastre, son frère, à la tête d'une armée Angloise; le Comte de Lincoln, qui prit ensuite le commandement à la mort de Lancastre, ne fut pas plus heureux. Edouard, furieux de voir entre les mains de son rival l'ancien patrimoine de sa famille, fit alliance avec les Comtes de Flandres et de Hollande [29]; et il espéroit qu'à peine arrivé sur les frontières de la France avec ses

[29] Rymer, vol. II. Hening. vol. I.

Part. I. armées Angloises, Flamandes et Hollandoises, Philippe-le-Bel se hâteroit d'acheter la paix en lui rendant la Guienne.

A. D. 1296.

Pour mettre cette vaste machine en mouvement, le Roi d'Angleterre avoit besoin que le Parlement lui accordât des subsides considérables : il obtint aisément des Lords et des Communes une partie des secours nécessaires à son entreprise : mais le Clergé ne voulut consentir à aucune contribution. Edouard, qui les haïssoit toujours, leur avoit demandé le cinquième de tous leurs biens-meubles, pour les punir d'avoir protégé de leur alliance la faction de Montfort : ils lui opposèrent la Bulle du Pape Boniface VIII, qui venoit de défendre à tous les Princes de lever, sans son consentement, la moindre taxe sur les Ecclésiastiques ; et à ceux-ci d'en payer aux Princes, sous peine d'excommunication. Edouard, au lieu de s'adresser au Pontife, et de lui exposer la nécessité de ses impôts et l'injustice des prétentions de la Cour de Rome sur l'obéissance du Clergé de son Royaume, répondit vigoureusement aux Prêtres et aux Moines que le refus d'aider le Gouvernement civil les rendoit indignes d'en recevoir aucun bienfait, et qu'il alloit les mettre tous hors de la protection des loix.

Chapitre XXXVI.

A. D. 1296.

Aussi-tôt l'ordre fut donné aux Juges de ne point admettre les causes portées devant eux par le Clergé ; d'instruire et de juger toutes les affaires où ils ne seroient que défendeurs ; de faire justice à tout le monde contre eux, et de ne leur accorder ni demande ni réclamation contre personne. Les Ecclésiastiques manquant de tout, abandonnés à l'insulte, aux violences, chassés de leurs bénéfices et de leurs couvents, sentirent enfin ce qu'on doit de bonheur à la protection des loix ; et tous, soit publiquement, soit en secret, s'empressèrent d'obéir à Edouard, qui les fit jouir comme auparavant de tous les droits du citoyen [30].

Mais tous les secours du Parlement et

[30] W. Heming., vol. I. *Chron. Dunst.*, vol. II.

Part. I. du Clergé ne suffisoient pas aux entreprises d'Edouard, qui se permit d'employer contre le Peuple des voies arbitraires, trop conformes aux penchans du plus ambitieux Monarque, et du plus grand homme d'Etat qui fût encore monté sur le trône d'Angleterre. Le Peuple murmura, les Barons, qui cependant respectoient les grands talens d'Edouard, se rangèrent du parti du Peuple, qui vouloit forcer ses Rois à être justes, sous peine

A.D. 1297. d'être malheureux. Edouard fut obligé de justifier sa conduite, en exposant à la Nation ses espérances et ses besoins; il promit de maintenir les loix et les libertés nationales; d'accorder une indemnité à tous les citoyens qui avoient été lésés par des taxes au-dessus de leurs forces, et il confirma la Grande Charte avec une clause additionnelle, qui annulloit tous Edits et Impots levés sur la Nation sans l'aveu de ses Représentans [31]. Depuis ces concessions d'Edouard, la Grande Charte n'a jamais été formellement violée, si

31 Walsingham. W. Hemingford.

vous

vous en exceptez cependant ces tems de guerres intestines, où la force met quelquefois des factieux au-dessus des loix.

Chapitre XXXVI.

A. D. 1297.

Des troubles domestiques retardoient l'exécution des desseins d'Edouard, lié avec le Comte de Flandres contre la France. Philippe-le-Bel leur fit éprouver sa valeur : Edouard qui avoit perdu le tems favorable pour entrer en campagne, arriva cependant en présence à la tête de cinquante mille hommes. Les deux Rois, prêts à livrer bataille, convinrent d'une suspension d'armes; et choisirent pour médiateur et non pour arbitre de la paix le Pape Boniface, dont l'inimitié envers Philippe parut seule dicter la sentence de médiation, qui ordonnoit au Roi de France de rendre la Guienne au Roi d'Angleterre. Philippe-le-Bel rendit la Guienne à Edouard, et la paix fut conclue.

Cependant les Ecossois, profitant de l'absence du Conquérant, cherchoient à s'affranchir de la servitude. Le Comte de Waremne, obligé de retourner en Angle-

Part. I. A.D. 1297. terre à cause de sa mauvaise santé, avoit entièrement laissé l'administration du Royaume aux mains d'Ormsby et de Cressingham, deux Officiers supérieurs, qui étoient après lui les plus éminens en dignité. Ces Gouverneurs, au lieu d'agir avec prudence, et d'employer la modération nécessaire pour réconcilier la Nation Ecossoise à ce joug qu'elle portoit avec une extrême répugnance, révoltèrent tous les esprits par les caprices et la rigueur de leur Gouvernement. Un Guillaume Wallace ou Walleys, indigné de l'oppression de sa Patrie, forma le projet désespéré de la délivrer de l'esclavage. Provoqué par un Officier Anglois, dont l'insolence l'avoit forcé de le mettre à mort, il se trouvoit exposé à toutes les persécutions d'un Gouvernement despotique. Dans la crainte de tomber entre leurs mains, il s'enfuit dans les bois, et s'offrit d'être le chef de tous les infortunés que les Gouverneurs Anglois avoient laissé sans asyle et sans espérance. Ce Wallace étoit d'une taille et d'une force gigantesques, et sans parler de ces faits extraordinaires et fabuleux que lui attribuent la reconnoissance et l'enthousiasme de ses compatriotes, l'histoire nous le montre doué d'une grande ame, d'une vertu magnanime, et capable de supporter, avec une incroyable patience, comme les tigres, qu'on ne peut dompter, la faim, la fatigue et toutes les injures des saisons. Chaque jour apportoit la nouvelle de quelques-uns de ses exploits, qui réchauffoient le cœur de ses compatriotes, et glaçoient d'effroi leurs ennemis; et quoique alors personne d'un grand nom n'eût encore osé se ranger sous ses étendards, il inspiroit, par sa vaillance et ses succès, ce respect profond et cette confiance générale que la seule fortune ou la naissance ne peuvent jamais donner à leurs favoris.

XXXVI.

A. D. 1297.

D'éternels succès engagèrent un grand nombre de Barons, de Généraux et les Grands de l'Ecosse à s'unir à Wallace, et à porter avec lui un coup décisif au Gouvernement Anglois: à cette nouvelle, Ormsby s'enfuit en Angleterre, tous les

Part. I.

A. D. 1297.

autres Officiers de sa Nation imitèrent son exemple. Leur terreur augmenta le courage des Ecossois, qui, dans toutes les provinces, coururent aux armes. La Nation entière jura de briser ses fers, et de laver sa honte dans le sang des Anglois.

Cependant le Comte Warenne ayant assemblé une armée de quarante mille hommes dans le nord de l'Angleterre, accourut dans Annandale, avant que les Ecossois eussent uni leurs forces, et se fussent préparés à la défense : la plupart des *Nobles*, alarmés à la vue du danger qui les menaçoit, abandonnèrent l'Homme du Peuple, et se hâtèrent de renouveler des sermens arrachés à la crainte, pour obtenir du tyran *le pardon* de leurs offenses. Wallace, toujours intrépide, tint ferme, et poursuivit le cours de ses espérances. Lâchement abandonné de ses Barons, entraînant avec eux une foule d'esclaves, que sa valeur avoit un instant régénérés, il ne se trouvoit plus en état de livrer une bataille décisive ; mais il marcha vers le nord, dans le dessein de prolonger la guerre, et de tirer quelque avantage de la situation d'un pays tout hérissé de montagnes stériles. Warenne le chercha dans son camp près de Stirling, sur les bords du Forth ; l'armée Angloise y fut taillée en pièces, toute entière. Cressingham, dont l'impatience avoit pressé l'attaque, fut tué dans l'action ; et des Ecossois qui avoient en horreur ses extorsions, son avarice et ses cruautés se firent de sa peau des selles et des ceintures. Warenne fut obligé de se retirer en Angleterre ; et les Places fortes du Royaume se rendirent à l'Ami du Peuple, qui chassoit les tyrans [32].

Chapitre XXXVI. A. D. 1297.

11 Sept.

Wallace, révéré comme le sauveur de sa Patrie, reçut de son armée victorieuse, le titre de Régent du Royaume, titre d'honneur qu'il avoit acheté avec son sang, ce pur sang d'un grand homme, qui vaut bien le sang des Rois, souillé par tous les attentats de la tyrannie [33].

[32] W. Heming. T. Walsingham.

[33] V. Lettre 3e *du Tribun du Peuple* à la Noblesse Françoise, *troisième Edition.*

Part. I.

A. D. 1297. Ce n'étoit pas assez pour Wallace d'avoir chassé l'ennemi, il pressa son armée de passer en Angleterre, et d'y fouler aux pieds un peuple féroce qui les avoit traités sans pitié ; Peuple vil qui mettoit sa gloire à donner des fers à ses semblables. Les Ecossois, à qui rien ne paroissoit impossible sous un tel chef, se répandirent, avec joie, malgré les rigueurs de l'hiver, dans toutes les Provinces septentrionales, où ils ne laissoient derrière eux que des cendres et des ruines ; et après avoir étendu leurs ravages de tous côtés, jusqu'à l'Evêché de Durham, Wallace les ramena dans leurs foyers, tout chargés de dépouilles et de gloire [34].

A. D. 1298. Edouard étoit en Flandres quand il reçut la nouvelle de ces événemens : et ayant déja signé la paix avec la France, il se hâta de repasser en Angleterre, pour y venger la honte de ses Généraux, et recouvrer la conquête de l'Ecosse, qu'il avoit toujours regardée comme la princi-

34 W. Heming, vol. I.

pale gloire de son règne. Dans ce dessein il assemble toutes les forces de l'Angleterre, du pays de Galles et de l'Irlande, et à la tête de cent mille combattans, il entre chez l'Ecossois dévoué à ses vengeances. Jamais l'Ecosse, dans aucun temps, ne fut en état de résister à une armée aussi formidable : et alors, pour combler ses calamités, elle étoit sans chef, et déchirée par des troubles intestins. La Noblesse, jalouse de l'élévation de Wallace, et d'un rang qu'il ne devoit qu'à ses victoires, avoit murmuré contre son autorité. Le généreux Wallace, ami de sa Patrie, pour éviter les malheurs d'une guerre civile, s'étoit démis de la Régence, et l'on avoit déféré le commandement de l'armée à des hommes d'une grande naisssance, qui seuls, disoient les Seigneurs, avoient droit de marcher à leur tête. Malheureusement pour les Nobles, la Nature ne veut rien entendre à leurs priviléges ; et comme pour nous enseigner qu'on s'éloigne toujours de ce qui est beau et glorieux, en s'écartant de ses loix impartiales, il arrive dans tous les siècles,

Chapitre XXXVI.

A. D. 1298.

L iv

Part. I. pour offrir de grands exemples à la terre, que du sein d'un Peuple dédaigné des favoris de la fortune, sortent, presque toujours, ces hommes généreux dont le génie, le désintéressement, et sur-tout la constance dans les travaux, font la gloire et le bonheur des Nations. Les Nobles, qui reçurent le commandement résigné par Wallace, n'avoient pas les talens de cet Homme du Peuple. Ils allèrent s'établir à Falkirk, où vint les joindre Edouard, qui jeta le désordre dans leur armée, et chassa devant lui quelques restes de soldats échappés à sa fureur [35].

A. D. 1298.

22 Juillet.

Cependant l'Ecosse n'étoit pas encore soumise; il y restoit un Homme libre. Wallace, qui s'étoit réservé le commandement de sa petite troupe, soutenoit sa liberté personnelle contre toutes les attaques du vainqueur, et malgré les terreurs de ses compatriotes qui avoient reçu des fers. L'armée Angloise, après avoir soumis toutes les provinces septentrionales,

A. D. 1299.

[35] T. Walsingham. T. Wykes. W. Heming.

fut obligé de se retirer, faute de provisions; et les Ecossois, indignés de leurs défaites, et encore pleins de la confiance de leurs honneurs passés, reprirent leurs armes pour défendre leur indépendance, et ils furent encore taillés en pièces. Wallace qui promettoit un vengeur à sa Patrie, fut trahi, et livré aux Anglois par son *noble* ami Sir Jean Monteith. Edouard ne respecta point les vertus et le courage de cet illustre patriote; tremblant devant le génie de Wallace, il n'osoit compter sur sa conquête tant qu'il seroit vivant. Toutefois il s'efforça de cacher sa propre honte sous un voile de justice: Wallace fut envoyé à Londres chargé de fers, et quoique jamais il n'eût prêté serment de fidélité au Roi d'Angleterre, les Juges, vendus à Edouard, le firent périr par le supplice des traîtres. Il fut exécuté à Tower-Hill [36], et les quatre parties de son corps furent exposées dans les quatre principales villes de l'Angleterre.

Chapitre XXXVI.

A. D. 1299.

A. D. 1305.

Mais il est vrai que la vile jalousie, ce

[36] M. West. Geo. Buchanan.

Part. I. monstre qui se nourrit des serpens qu'il A. D. 1305. enfante, s'égare à chaque instant dans ses chemins tortueux : les cruautés et les affronts commis sur le vertueux Wallace, loin d'abattre ou d'anéantir tous les courages, réveillèrent dans les cœurs la reconnoissance et l'indignation. L'envie qui avoit persécuté le grand homme, se trouvoit alors enfermée avec lui dans son tombeau. On bénissoit l'ami du Peuple, le fléau des tyrans, le libérateur de sa Patrie ; et dans toutes les provinces de l'Ecosse les pleurs et les regrets, donnés à sa perte, lui préparoient un successeur : un chef intrépide se présenta pour conduire ses concitoyens à la vengeance, à la victoire, à la liberté, qui console de tout, qui donne tout, qui est tout.

Robert Bruce, fils de ce Robert compétiteur de Bailleul, avoit succédé, après la mort de son père, à toutes ses prétentions à la couronne d'Ecosse : la mort de A. D. 1306. Jean Bailleul, qui arriva en France dans le même tems, augmenta ses prétentions, et ouvrit une grande carrière à l'ambition

Chapitre XXXVI.

de ce jeune homme. Il avoit anciennement servi dans l'armée Angloise ; mais dans une conférence qu'il eut avec Wallace, après la bataille de Falkirk, l'amour sacré de la Patrie enflamma sa grande ame. Bruce a des remords. « Il est donc des remords ». Le jeune Bruce se détermine d'abandonner secrettement la Cour d'Edouard, et de sauver sa Patrie de l'oppression. Les Ecossois sembloient n'attendre plus qu'un chef pour les assembler, et Bruce, l'œil fixé sur la hauteur de son entreprise, et ne voyant rien des obstacles dont il étoit environné, vient offrir à l'Ecosse indignée, un vengeur, un chef, et un Roi qui vouloit acheter la couronne de tout le sang des ennemis de sa Patrie.

Bruce accourt à Dumfroi, à Annandale, chef-lieu des partisans de sa famille ; il arrive au milieu d'une assemblée de Seigneurs, présidée par Jean Cummin, en faveur de qui Wallace avoit résigné l'autorité et la Régence du Royaume. Cummin, auquel il avoit anciennement confié ses projets, et qui les avoit ensuite A. D. 1306.

Part. I. A. D. 1306.

révélés à Edouard, ne l'attendoit pas en Ecosse; et tous les Seigneurs demeurèrent surpris quand il leur dit qu'il n'étoit venu que pour mourir avec eux sous les ruines de la Patrie et de la liberté; que toutefois, aidé de leurs secours, il espéroit racheter le nom Ecossois de toutes les indignités dont l'avoit souillé la tyrannie d'un vainqueur impitoyable : et il vaudroit mieux, leur disoit-il, si le ciel l'avoit arrêté dans ses décrets, mourir en braves citoyens, le fer à la main teint du sang d'un Maître, que de voir consommer, sans vengeance, et subir peut-être à son tour la destinée de l'infortuné Wallace [37].

Bruce étoit jeune, beau de ses remords et de ses grands desseins; et les graces de sa jeunesse ajoutoient de nouveaux charmes à la force de son éloquence : ses espérances et ses discours firent une impression vive et générale sur tous les Ecossois assemblés. Quand il leur parla des destins de Wallace, à sa voix toute-

37 M. West. Geo. Buchanan.

puissante (c'étoit la voix de la Nature) ils sortirent de leur profonde léthargie, comme on nous a peint ces anciens cadavres, souillés dans la fange des tombeaux, qui s'éveillèrent d'indignation, quand la mort de l'Homme juste fut consommée [38].

Chapitre XXXVI.

A. D. 1306.

Les Seigneurs, assemblés, promirent d'employer tous leurs efforts pour délivrer leur Patrie de la servitude, et de seconder le courage de Bruce, en soutenant les droits de sa naissance, et leurs libertés contre des ennemis communs. Le seul Cummin, lié secrettement avec Edouard, s'efforça de les remplir de crainte, en leur représentant les forces de la Nation Angloise. Bruce informé de la perfidie de Cummin, qui déja avoit failli le perdre à la Cour d'Edouard, dont

38 Dans les Histoires *de l'Ancien monde*, ces morts qui sortent de leur tombeaux, ne veulent exprimer *dans nos langues modernes*, que ces grands hommes qui, par un bienfait inattendu de la Nature, sont jetés avec violence hors de l'abyme *insondable* du crime et de l'esclavage.

Part. I.

A. D. 1306.

il ne s'étoit évadé qu'avec peine, le suivit hors de l'assemblée ; et le traversant d'un coup d'épée, le laissa pour mort. Sir Thomas Kirkpatrick lui demanda à son retour, si le traître n'étoit plus. « Je le crois », répondit Bruce ». Est-ce donc une chose à laisser dans l'incertitude, s'écria Kirkpatrick? Je veux l'assurer ». Aussi-tôt il s'arme d'un poignard, et court l'enfoncer dans le cœur de Cummin 39.

Cette action violente, qui sans doute aujourd'hui seroit justement condamnée, fut louée comme un trait de patriotisme. La famille de Kirkpatrick prit dès-lors pour cimier de ses armes une main avec un poignard ensanglanté ; et pour devise, ces mots de leur ancêtre : *I will secure him* ; « Je veux l'assurer ».

Le meurtre de Cummin mit le sceau à la conspiration des Seigneurs Ecossois ; car il ne leur restoit plus d'autre ressource que la victoire et l'indépendance,

39 W. Heming. M. West. T. Walsingham. G. Buchanan, lib. VIII.

pour échapper à la fureur d'Edouard. La Nation rougit de ses fers ; Bruce vola de Provinces en Provinces chercher des partisans et des ennemis : il attaqua, avec succès, les troupes Angloises dispersées, s'empara de plusieurs châteaux; dans la plus grande partie du Royaume on reconnoît son autorité, on seconde ses efforts; et l'Evêque de Saint-André, qui avoit généreusement embrassé son parti, le couronna solemnellement à Scône. Les Anglois furent par-tout chassés du Royaume ; un petit nombre se retira dans quelques forteresses frontières qui leur restoient ; et l'ambitieux Edouard trouva que les Ecossois, déja vaincus deux fois par sa valeur, étoient encore à subjuguer.

Chapitre XXXVI.

A. D. 1306.

Ce grand Monarque, dont le caractère étoit vraiment la férocité, et l'ambition la seule loi [40], plein de confiance en sa politique, et dans la puissance de ses armées, se flattoit de triompher aisément

[40] L'Abbé Velly.

Part. I. d'un rival qu'il méprisoit ; il envoie d'abord des troupes en Ecosse, sous le commandement d'Aymar de Valence, son Général ; qui tombant à l'imprévu sur l'armée de Bruce, y répandit le désordre, et l'obligea de se retrancher dans les isles occidentales. Ensuite il s'avança lui-même, avec une armée formidable, déterminé à punir les Ecossois sans défense ; et de mettre tout à feu et à sang, pour n'avoir plus à craindre de nouvelles alarmes.

A. D. 1306.

A. D. 1307. Tout prêt d'entrer dans ce Royaume, Edouard âgé de soixante-huit ans, tomba malade, et mourut à Carlisle [41] ; en ordonnant à son fils, pour derniers adieux, de poursuivre la guerre, et de ne jamais déposer les armes qu'il n'eût, enfin, dompté les Ecosssois. « Faites porter mes os devant vous, lui dit-il, les rebelles n'en soutiendront pas la vue ».

Quelques Historiens ont pensé que le titre de Justinien Anglois, qui fut donné à Edouard I, doit couvrir les taches de

41 T. Walsingham. Trivet, *Annal.* 1307.

Chapitre XXXVI.
An. 1306.

sa vie. Edouard Coke observe avec justice que ses loix méritent vraiment le nom d'établissement, en ce qu'elles ont été plus durables que toutes les loix qu'on a fait depuis son règne. L'ordre qu'il établit dans son administration donna aux communes l'avantage de se perfectionner; força les juges à des formes certaines dans leurs procédures, et les avocats à plus de précision dans leurs plaidoyers. Il régla la jurisdiction des différentes cours, établit des *Juges de Paix*, et fixa la division de la cour de l'Echiquier, en quatre cours très-distinctes dont chacune ayant ses emplois séparés, ne fut plus dans le ressort et la dépendance d'un autre corps de magistrats; et les causes se trouvant, tour à tour, examinées par des tribunaux supérieurs, mirent les premiers officiers dans la nécessité d'apporter plus d'attention à leurs instructions, ce qui perfectionna beaucoup la jurisprudence Angloise (42).

Depuis environ deux siècles CEUX qui

(42) Hale, *hist. of the english Law.*

Part. I. An. 1306.

regnoient en Europe, commençoient à s'appercevoir que pour se mettre à l'abri des usurpations de la noblesse, il étoit de leur intérêt de protéger cette classe nombreuse qui fait la principale ressource des Etats. Comme ils virent qu'une justice impartiale, loin de la rendre vaine et paresseuse, avoit augmenté le commerce, et amelioré tous *leurs domaines*, ils s'efforçoient de la tirer de l'abjection servile où les seigneurs feudataires la tenoient enchaînée.

Si toutefois Edouard aggrandit considérablement le pouvoir des communes, on ne peut entièrement l'attribuer à son amour pour la justice et l'égalité. Dans toutes ses négociations avec la nation Angloise ou ses voisins, il avoit toujours soin de tenir ses mains libres et armées; ses violences furent excessives, et quand il rappella les communes que Leicestre avoit assemblées pour la première fois, ce ne fut sincèrement que pour trouver un expédient facile qui le mît en état de subjuguer ses voisins, pour enchaîner ensuite ses concitoyens.

Chapitre XXXVI.

An. 1306.

Les communes assemblées sous son règne, avoient devant les yeux un grand exemple de l'ingratitude, et de la perfidie des *seigneurs* qui les avoient appellées sous Leicestre, *pour consentir à des impôts*; et connoissant déjà mieux leurs droits et la politique des cours, elles osèrent enfin demander quelque soulagement à ceux qui leur parloient toujours de taxes et de corvées; car, en effet, que voulut-on jamais obtenir du peuple, quand le besoin d'argent et d'affreuses dilapidations *contraignirent* leurs *maîtres* à les assembler? Des impôts, toujours des impôts ou des emprunts, pires que des impôts; car c'est vraiment là *couper l'arbre à la racine pour en avoir des fruits*; et le résultat de ces *assemblées* prétendues *nationales*, se borna long-tems à demander aux peuples, comme une grace qu'on leur accordoit: » A quelle sauce voulez-vous qu'on vous » mange?

CHAPITRE XXXVII.

L'Angleterre sous le règne d'Edouard II, avec quelques détails sur les affaires d'Ecosse.

Part. I.
An. 1307.

PRINCES de la Terre, craignez que vos enfans n'arrivent sur le trône comme Edouard II, sans avoir appris à penser ; ou le nom de roi, déjà si fatal aux Européens, ne souillera bientôt plus nos annales.

Jamais prince ne monta sur le trône de l'Angleterre avec de plus grands avantages qu'Edouard II. La Nation, pleine de respect et de reconnoissance pour un grand monarque dont il étoit le fils et le successeur, le combloit de tous ses vœux. Il étoit âgé de vingt-trois ans ; mais ses ennemis consternés à la vue d'une armée victorieuse, paroissoient déjà soumis pour toujours : sans avoir eu à supporter les fatigues de la guerre, il sembloit n'avoir plus que des lauriers à cueillir. Ensuite on attendoit la paix et le bonheur de la douceur de son caractère ; on lui payoit d'avance le prix de ses vertus.

Chapitre XXXVII. An. 1307.

Le premier acte de son règne fit évanouir les plus chères espérances. Il fallut d'abord renoncer à la conquête de l'Ecosse. Après quelques tentatives, pour obéir aux ordres de son père, il s'en retourna comme un lâche ; et congédia ses troupes, au moment même où les succès de son rival étoient assez redoutables pour qu'il eût besoin d'armer contre lui toutes les forces de l'Angleterre.

Edouard, d'un caractère foible, ne vouloit qu'être heureux, et tout entier à ses idées de bonheur, il négligeoit ses devoirs, et sur-tout ces bienséances dont l'oubli fut de tout tems, aux yeux des peuples, un si grand crime, qu'on osa presque toujours en punir les rois. Il rappelle à sa cour un jeune favori, Pierre Gaveston, autre Alcibiade, qu'Edouard I avoit banni du

Part. I. Royaume, et qu'à son lit de mort, il lui avoit fait promettre de ne revoir jamais.
An. 1307. C'étoit le fils d'un gentilhomme de la Guienne. Il avoit su gagner de bonne-heure la tendresse d'Edouard dont le cœur sans défiance se laissoit aisément séduire par des semblans d'amitié ; il avoit besoin d'y croire, l'infortuné ! On ne lui avoit pas appris que les rois et ceux qui sont nés pour l'être ne trouvent jamais d'amis.

Gaveston avoit reçu de la nature des dons précieux, « la beauté qui est si belle » ! une belle taille, une belle figure ; plein d'adresse dans tous les exercices où il faut réunir la grace et la force à la beauté ; vraiment de son pays, le présomptueux Gascon étoit assez heureux dans ces saillies d'esprit que les sots ambitionnent, et qui souvent encore aujourd'hui font admirer dans nos capitales ses ingénieux compatriotes. Il étoit bon pour amuser un jeune prince qui aimoit à rire avec des bouffons ; mais un sage roi n'a point de favori qu'on puisse nommer ou montrer au doigt, sur-tout si ce favori est un étranger.

Chapitre XXXVII. An. 1307.

A peine arrivé à la cour, Gaveston y fut élevé aux premières dignités. Le Roi lui donna le comté de Cornouaille, échu à la couronne par la mort du prince Edmond, fils de Richard, Roi des Romains. Il le maria avec sa propre nièce : il sembloit ne jouir du plaisir d'être Roi que pour combler la fortune de son favori qui lui étoit bien plus cher que sa couronne. Un grand nombre de barons, superbes et irascibles, déjà mécontens de la conduite d'Edouard en Ecosse, furent indignés de la grandeur d'un homme odieux qu'ils méprisoient; et ils ne se donnoient pas la peine de lui cacher leurs dédains. Gaveston, au lieu de désarmer l'envie par une conduite modeste, déployoit son pouvoir et son crédit avec ostentation. Ses ennemis se multiplioient chaque jour : ils n'attendoient plus qu'une occasion pour se réunir et perdre à la fois le favori et son maître.

Cette ligue redoutable ne tarda pas à se former. Thomas, comte de Lancastre, cousin germain du Roi, et premier prince du sang, se mit à la tête des barons con-

Part. I. fédérés qui s'engagerent par serment à
An. 1308. chasser Gaveston du royaume. Les armes à la main, ils contraignirent Edouard à le bannir. Mais il le rappella peu de tems après; il rétablit dans ses premières dignités l'unique objet de sa tendresse qui, par de nouveaux excès d'arrogance réveilla toutes les haines. Les Barons s'armèrent une seconde fois pour sa ruine. Il fut encore banni et encore rappelé par un lâche monarque, indigne du trône. La révolte devint générale. On poursuivit de place en place Edouard et son favori : les Barons triomphèrent. On fit grace au Sou-
An. 1312. verain. Gaveston périt sous la hâche d'un bourreau (1).

Alors les factions furent appaisées, et les grands et le peuple réunis, ne songèrent plus qu'à tirer vengeance des Ecossois qui osoient les poursuivre, et les insulter jusqu'au sein de leurs foyers.

Après la retraite d'Edouard, Robert

(1) T. Walsingham. T. de la More. W. Heming.

Bruce s'étoit conduit en héros et en politique. Il s'étoit rendu maître de toute l'Ecosse, à l'exception de quelques forteresses : il avoit considérablement augmenté le nombre de ses partisans. Et cherchant toutes les occasions de harceler et de piller, il leur abondonnoit les dépouilles des vaincus. Edouard Bruce, son frère, et Sir Jacques Douglas, en qui commença la splendeur de cette illustre famille, l'avoient généreusement secondé dans toutes ses entreprises. On avoit signé des trêves qui furent à la vérité de courte durée, et mal observées de part et d'autre; mais cependant ces trêves avoient donné le tems à Robert Bruce de consolider son autorité royale, d'introduire de l'ordre dans le gouvernement civil, et de recommencer la guerre avec plus de fureur. Les Ecossois ne se contentoient plus de se défendre; ils alloient vivre de rapines dans les provinces de l'Angleterre.

Edouard avoit fait un effort pour les repousser, et étoit entré jusques par de-là Edimbourg, forçant Robert à se retrancher

Part. I. dans ses montagnes. Mais étant parti sans prévoyance, dépourvu de vivres, mal dé-
An. 1312. fendu par sa noblesse, il avoit été contraint de revenir sur ses pas; sa retraite honteuse et les troubles de l'Angleterre, offroient de grandes espérances aux Ecossois, et l'intrépide Robert les conduisit à la vengeance et au pillage.

L'Angleterre, par ses plaintes et ses menaces, fit sortir enfin Edouard de sa léthargie. Il résolut d'achever d'un seul coup la conquête de l'Ecosse; Il assembla donc toutes les forces de son royaume; Il appella ses plus généreux vassaux du continent. Il enrôla des troupes Flamandes, et d'autres soldats étrangers. Il invita un grand nombre de vagabonds irlandois à un butin assuré: la même espérance du pillage lui procura un grand corps de troupes Galloises.

An. 1314. Il entra dans le royaume d'Ecosse à la tête d'une armée de près de cent mille hommes; son rival n'avoit pas plus de trente mille combattans. Mais d'horribles souvenirs, et la crainte de retomber dans les calamités, et l'opprobre de la servitude animoient d'un courage indomptable, une nation belliqueuse, accoutumée, depuis long-tems, à vaincre. Robert Bruce, leur général, descendoit de ces fameux guerriers, qui avoient conquis l'Angleterre avec une poignée d'hommes : et le grand nombre des ennemis qu'ils avoient à combattre, loin de flétrir leurs espérances, rappelloit au chef et aux soldats, les exploits de Guillaume et de ses Normands, à la bataille de Hastings.

Cependant Robert Bruce ne confia pas toute sa fortune à la seule valeur de ses soldats, il s'occupa sérieusement de l'avantage du poste, et il se campa d'une manière admirable à Bannockburn près de Stirling, la seule forteresse qui restât entre les mains des anglois, et qui étoit prête à se rendre. Il avoit en tête un ruisseau, une montagne à sa droite et à sa gauche un marais. Ainsi disposé, il attendit Edouard.

L'armée angloise arriva en présence

Part. I.

14 Juin.

vers le soir ; les deux corps de cavalerie engagèrent un combat très-vif. Robert qui étoit à la tête des écossois livre un combat singulier à Henri de Bohun, de la noble famille d'Hereford, et d'un coup de hache, il fend la tête de son ennemi jusqu'au menton. Le cheval de Bohun s'enfuit effrayé dans les rangs anglois. La nuit empêcha de continuer les hostilités. Cette nuit qui ne dura que quelques heures, parut bien longue aux deux armées. Le combat s'engage, combat sanglant, désespéré. Sir Jacques Douglas avoit rompu la cavalerie angloise, leur ligne d'infanterie tenoit ferme encore. Un stratagême décida la victoire. Des charretiers, des chevaux, des vagabonds que Bruce avoit fournis d'étendards parurent s'avancer sur la gauche, comme une armée nouvelle qui venoit envelopper les Anglois. Ils jetèrent leurs armes et s'enfuirent. Les Ecossois les poursuivirent, avec un grand carnage, jusqu'à Berwick. Le butin fut immense : on compta parmi les prisonniers des personnes du premier rang, et plus de quatre cents gentilshommes que Robert traita avec beaucoup d'égards et d'humanité, mais dont la rançon fut une nouvelle récompense pour l'armée victorieuse. Edouard près de tomber entre ses mains, lui échappa à Dumbar où il s'embarqua pour Berwick (2).

Chapitre XXXVII.

An. 1314.

La journée de Bannockburn assura l'indépendance de l'Ecosse, et à Bruce la couronne de ce royaume. Ce fut le coup le plus terrible porté à l'Angleterre depuis la conquête Normande. On ne sait pas le nombre des morts, il doit avoir été considérable ; car cette défaite imprima tant de terreur aux Anglois que pendant plusieurs années, même avec des forces supérieures, ils n'osèrent tenir la plaine contre les Ecossois.

Robert qui vouloit jouir de toutes ses espérances, ravagea le nord de l'Angleterre ; il envoya son frère Edouard avec une armée de six mille hommes en Irlande,

An. 1315.

(2) Mon. Malms. T. de la More. T. Walsingham. Ypod Neust.

Part. I. et ils le suivirent bientôt après avec un corps de troupes beaucoup plus nombreux. Mais une horrible famine qui désoloit alors la Bretagne et l'Irlande, affoiblit considérablement son armée et l'obligea de revenir dans ses états. Son frère qui avoit pris le titre de Roi d'Irlande, fut défait et tué par les Anglois près de Dundalk. Robert s'apperçut enfin que les plus belles victoires coûtoient trop de sang, et qu'un petit état qui vouloit devenir conquérant épuisoit sa force réelle augmentoit le nombre de ses ennemis, et se précipitoit vers sa ruine. Il rentra dans l'Ecosse et s'occupa d'y maintenir la paix et la liberté.

An. 1316.

Les invasions des Ecossois, et les troubles de l'Irlande n'etoient pas les seuls malheurs d'Edouard, il eut encore à appaiser une révolte dans le pays de Galles; et les Barons Anglois qui devenoient plus audacieux à mesure que les forces du monarque s'affoiblirent, insultèrent à ses calamités, et cherchèrent à établir leur anarchie sur les ruines du thrône. Edouard fut obligé d'acquiescer à toutes leurs demandes : le ministère dirigé par le Comte de Lancastre, placé à la tête du conseil, ne lui laissoit plus que le vain titre de monarque.

Chapitre XXXVII.

Ce malheureux Prince sentoit son incapacité pour tenir les rênes d'un grand royaume, et il cherchoit lui-même a être gouverné : mais comme il choisissoit des favoris et non des ministres pour soutenir le poids de son sceptre, on confondoit le souverain dans la haine et le mépris qu'ils inspiroient à la noblesse et au peuple, on voyoit toujours dans ce favori un être vil, indigne des sacrés emplois de la royauté. Gaveston avoit eu un successeur : Hugues le Despenser ou Spenser régnoit sur le cœur d'Edouard ; d'une illustre famille d'Angleterre, ce jeune homme avoit comme Gaveston tous les charmes de la beauté, heureux peut-être, si la cruelle destinée de l'ancien favori lui avoit appris à montrer dans sa conduite de la modération et de la prudence. Son orgueil excitoit la haine des grands et il affectoit de la braver, ce qu'il eut pu faire sans péril avec des mœurs

Part. I. honnêtes, car le peuple eut été pour lui; mais le peuple ne protège point celui qu'il méprise.

L'insolence et l'avidité du jeune Spenser révoltèrent la nation. Le turbulent comte de Lancastre et tous ses fiers barons se retirèrent du parlement, et vinrent les armes en main, demander l'exil du favori,
An. 1321. et celui de son père, sage vieillard digne de la confiance du monarque. Ils étoient alors absens, le père loin du royaume et le fils sur la mer, tous les deux employés à exécuter les ordres du Roi. Edouard refusa de prononcer leur bannissement. Quand on m'a fait Roi, leur dit-il, j'ai promis avec serment d'observer les loix de l'Angleterre, c'est les violer toutes à la fois que de flétrir par une sentence de châtiment, deux seigneurs qui ne sont accusés d'aucun crime; il leur opposoit la grande charte qui exigeoit formellement que jamais accusé ne fut puni sans avoir eu en son pouvoir tous les moyens de répondre et de se défendre.

La raison et l'équité étoient de foibles armes

armes pour triompher d'une noblesse al- Chapitre
tière et révoltée, qui déjà criminelle n'a- XXXVII.
voit d'autres ressources que la victoire 1321.
pour s'assurer l'impunité. Ils entrèrent dans Londres avec leurs troupes, et venant droit au parlement qui siégoit alors, ils accusèrent des plus noirs attentats les deux Spenser, sans alléguer une seule preuve péremptoire; à force de menaces ils firent prononcer contre les deux ministres une sentence de bannissement perpétuel. (31)

Cet acte de violence, que le Roi n'avoit su ni empêcher, ni punir, rendit sa personne et son autorité si méprisables que chacun crut avoir le droit de traiter la famille royale avec insolence. La Reine fut insultée publiquement, mais comme cette princesse étoit alors généralement aimée, on permit à Edouard de punir l'offenseur. En conséquence on l'aida secrètement à rassembler des troupes, il trouva quel-

(31) Tyrrel, from the register of C. C. Canterbury. T. Walsingham, Tuttle's *collect.* part. III. Rymer, vol. III.

Part. I. ques amis qui s'unirent à ses desseins. A peine armé il attaque à l'imprévu tous ses

An. 1321. ennemis, déclare illégale, injuste, contraire à la teneur de la grande charte la sentence prononcée contre les deux Spenser, et il les rappelle tous deux à sa cour. (4)

En ces tems d'anarchie, humilier les barons c'étoit gagner un avantage décisif : le seul Lancastre fit résistance ; il fut arrêté prisonnier, condamné comme rebelle par une cour martiale, et envoyé à l'é-

An. 1322. chafaud. Quand on vit tomber la tête d'un premier prince du sang, cousin-germain du Roi, les factieux se hâtèrent d'implorer leur pardon, environ vingt des plus célèbres furent poursuivis par des procédures légales, et ensuite exécutés. D'autres furent jetés dans les fers : la plupart des confiscations se firent au profit du jeune Spenser qui vouloit tout envahir ; alors un très-grand nombre des seigneurs qui avoient pris en main la cause du Roi, se trouvèrent

(4) Rymer *ubi sup.*

offensés de sa partialité envers les Spenser dans la distribution des dépouilles : tranquilles et soumis en apparence, ils attendoient un prétexte pour s'unir aux mécontens et recommencer de nouvelles hostilités.

Chapitre XXXVII.

An. 1322.

Ces tems de crises n'étoient pas favorables à des entreprises étrangères. Edouard, après de stériles efforts contre l'Ecosse et des retraites honteuses crut nécessaire de terminer au plutôt toutes les inimitiés par une trève de *treize ans* avec ce royaume (1), trève bien désirable pour l'Angleterre qui entroit en guerre avec la France. An. 1323.

Charles le Bel qui avoit eu quelques motifs de plainte contre les ministres d'Edouard dans la province de Guienne se disposoit à profiter de sa foiblesse et menaçoit de lui enlever tous ses domaines du continent.

(1) A truce of THIRTEEN *years*, j'ai suivi aveuglement l'opinion d'un écrivain Ecossois, mais je dois cependant observer que des historiens modernes, très-estimés, parlent d'une trève de seize ans, et d'autres d'une trève de trente ans. *V. Pufend. liv.* 3. *chap.* I. *p.* 130. *Elem. d'Hist. d'Angl. par l'Abbé Millot*, *vol.* I. *p.* 1322.

Part. I.

An. 1324.

Après quelques ambassades infructueuses de la part d'Edouard, la reine Isabelle obtint la permission d'aller à Paris négocier un traité avec le roi Charles son frère. Elle y trouva tous les restes de la faction de Lancastre et la haine qu'ils nourrissoient comme elle contre le jeune Spenser les unit secrètement d'intérêts avec cette princesse qui envioit au favori un crédit qu'elle n'avoit pu obtenir. Au nombre de ces fugitifs étoit Roger-Mortimer, Baron puissant dans les marches Galloises, qui avoit été condamné pour crime de haute trahison, mais qui s'étoit échappé de la tour et du supplice. L'ambition et la beauté de ce jeune homme, principal chef de la rébellion attirèrent bientôt les regards d'Isabelle, femme impérieuse et galante qui cherchoit à punir son époux de tous les maux qu'elle lui avoit fait souffrir, car la vile débauche et l'ingratitude ne répondent jamais à des justes plaintes que par de plus noires atrocités. Elle confia tous ses desseins à Mortimer qui avoit aussi de grandes espérances à remplir; il promit donc de la venger d'une époux qu'elle trahissoit.

Chapitre XXXVII.

An. 1324.

Isabelle avoit eu soin d'emmener avec elle à la cour de France le prince de Galles, son fils, elle feignit de lui donner un protecteur dans Mortimer, elle sembloit ne s'occuper que de la fortune de son fils, ce voile décent cachoit un peu ses liaisons secrètes avec Mortimer qui de son côté trouvoit qu'il étoit utile à ses desseins qu'on ne les ignorât pas. Charles favorisoit tacitement les complots de sa sœur, par cette cruelle politique des Rois, fléaux de la terre, qui semèrent la discorde chez leurs voisins pour devenir chez eux plus puissans et plus despotes. On entretenoit en Angleterre une correspondance très-secrète avec tous les ennemis du gouvernement.

Cependant Edouard inquiet du long séjour de la Reine en France lui ordonna de revenir et de lui ramener son fils. Isabelle déclara publiquement qu'elle ne rentreroit point en Angleterre tant que les Spenser auroient quelque influence à sa cour et dans ses conseils. Cette réponse dont la nation ignoroit la véritable cause lui attira une grande popularité. Ses partisans se multiplièrent. Alors elle se détermine An. 1325.

Part. I. à repasser en Angleterre, et vient se joindre à main armée aux princes du sang et

An. 1325. aux autres factieux qui vouloient s'affranchir de la tyrannie des Spenser. Edouard surpris n'a point de troupes à leur opposer : il se voit abandonné de tous ses sujets, et s'enfuit dans les montagnes du pays de Galles. Le vieux Spenser, qu'il avoit fait comte de Winchester et gouverneur du Château de Bristol, fut livré par la garnison entre les mains de ses ennemis, et à l'instant condamné à mort ;

An. 1326. nulle forme de procès, pas un témoin, aucun chef d'accusation, et sans pitié pour ses quatre-vingt-dix ans, sans respect pour son armure dont il étoit couvert, ils le pendirent à un gibet, comme un brigand ; son malheureux fils ne tarda pas à subir le même sort. Les factieux assommoient à coup de pierre les prélats dont ils n'osoient répandre le sang, et tranchoient la tête à tous les infortunés qu'ils soupçonnoient attachés au parti du Roi, ce qui épouvanta tellement les Gallois qu'ils s'empressèrent de leur découvrir sa retraite ; ils l'enfermèrent dans le château

Chapitre XXXVII.

An. 1327.

de Kenilworth après lui avoir ôté le grand sceau. La Reine s'en servit pour convoquer un Parlement à Westminster où il fut accusé, non de crimes, mais d'incapacité pour le gouvernement. Edouard fut déposé. Le Prince de Galles agé de quatorze ans fut proclamé Roi, ce jeune Prince fit vœu de ne porter jamais la couronne que du consentement de son père, et cette généreuse résolution embarrassa beaucoup la Reine et ses conjurés : mais ils forcèrent le Roi à donner sa démission en faveur de son fils, et la Reine fut nommée régente du royaume pendant sa minorité. (6)

On peut aisément fasciner les yeux du Peuple en matière d'administration mais en fait de mœurs et de conduite on ne l'abuse pas long tems. Une Reine infidelle qui avoit déthrôné son mari, qui avoit fait de son propre fils le cruel instrument de sa haine, en affectant de plaindre celui

(6) Ypod. Neust. T. Walsingham. T. de la More. Rymer, vol. IV.

Part. I. qu'elle opprimoit avec inhumanité ne leur parut qu'un monstre de perfidie !

An. 1327.

On plaignit Edouard, malheureux père, privé de la consolation de voir quelquefois son fils dans sa prison. Le comte de Leicestre, alors comte de Lancastre à la garde duquel on l'avoit commis ne put cacher la tendre pitié qu'il lui inspiroit; sa générosité lui devint funeste, on l'ôta de ses mains pour l'abandonner au lord Berkeley, à Mautravers et Gournay, qui tour à tour, de mois en mois, avoient à répondre de sa personne. Berkeley eut encore pour son prisonnier quelques égards : mais quand il tomba sous la garde de Mautravers et de Gournay, ces deux scélérats le traitèrent avec la dernière indignité, comme s'ils avoient reçu l'ordre de lui ôter la vie en détail en l'accablant d'affronts et de douleurs.

C'est bien là la pitié d'une femme infidelle qu'assiègent les remords. Mortimer, beaucoup moins féroce en ce qu'il étoit moins criminel, voulut qu'Edouard mou-

An. 1327.

rût, et il fit savoir ses intentions à ses gardiens. Le lord Berkeley étoit malade, Mautravers et Gournay vinrent dans son château se saisir de la personne du Roi, ils l'étendirent sur son lit, et à travers un tuyau de corne ils lui enfoncèrent par le fondement un fer chaud dans les entrailles. Ils espéroient ne laisser aucune trace de sa mort violente, mais les cris du malheureux Monarque expirant dans les plus affreuses douleurs révélèrent leurs attentats (1).

Ainsi périt Edouard II, âgé de quarante ans.

(1) T. Walsingham. la More.

CHAPITRE XXXVIII.

L'Empire d'Allemagne et ses appartenances, Rome et les états Italiens, depuis l'élection de Rodolphe de Habsbourg, fnodateur de la maison d'Autriche, jusqu'à la naissance de la république des Suisses confédérés.

Part. I.

An. 1273. DEPUIS la mort de Fréderic II, l'Empire d'Allemagne, qui n'avoit point de chef, étoit en proie à l'anarchie. Les seigneurs Allemans, jaloux de leur indépendance, ne se pressoient point de nommer un Empereur. La splendeur et les alliances des maisons de Saxe et de Souabe leur avoient fait craindre un despotisme éternel. On vouloit un chef assez riche et assez puissant pour défendre l'Empire; mais qui fût toujours trop foible pour l'asservir. Cependant on se disputoit à l'envi les revenus publics; ce n'étoit que désordre et foiblesse dans le gouvernement, et l'élection ne se faisoit pas.

An. 1273. Le Pape Grégoire X, successeur de Clément IV, menaça les électeurs de nommer à l'Empire ; alors ils se hâtèrent d'élire un empereur de leur choix.

Chapitre XXXVIII.

An. 1273.

Ils élurent à l'Empire, Rodolphe, comte de Habsbourg, seigneur Suisse, qui ne possédoit pas de grands domaines ; mais que sa prudence et son courage avoient rendu fameux dans les conseils et dans la guerre. (1)

Rodolphe, assis sur le trône, s'occupa

(1) Rodolphe, fils d'Albert, comte de Hapsbourg ou Habsbourg, descendoit par son père des comtes de Thierstein, près de Bâle en Suisse ; et du côté de sa mère il tiroit son origine des comtes de Habsbourg. Le comté d'Habsbourg, territoire de quelques lieues, dominé par un château qui lui donne son nom, composoit tout le domaine de Rodolphe. Il avoit été élevé à la cour de Frédéric II : il étoit ensuite passé à la cour d'Ottocar, Roi de Bohéme, où il avoit exercé avec honneur la charge de grand maréchal ou de grand maître d'hôtel ; de-là il étoit retourné dans son pays où ses talens militaires lui avoient acquis une grande réputation parmi ses compatriotes.

Part. I.

An. 1273. de réprimer les désordres qui depuis si long-tems troubloient l'empire d'Allemagne. Il fit raser les murs de la capitale d'un duc de Wurtemberg qui se disoit » l'ami de Dieu et l'ennemi de tout le monde : » il détruisit dans la Thuringe, soixante châteaux qui servoient de retraite à des bandits, et il fit pendre à la fois, dans la ville d'Erfurt, quatre-vingt-dix voleurs de grand chemin (1).

Quand la police de l'Empire eut mis un peu d'ordre et de calme dans le gouvernement, Rodolphe assembla une diète à

An. 1274. Mayence où il accorda de nouveaux priviléges à Goslar et à d'autres villes : il y confirma ceux qu'elles avoient obtenu de ses prédécesseurs. On y délibéra sur la conduite de plusieurs princes qui avoient protesté contre l'élection du comte de Habsbourg : entr'autres sur les refus d'Ottocar, Roi de Bohême ; la Diète avoit déjà d'autres motifs de s'en plaindre : il s'étoit emparé du duché d'Autriche, après la mort

(1) *Annal. Boior.* Heiss, liv. II. c. 22.

de Frédéric II, son dernier duc ; et les états qui avoient beaucoup à souffrir des oppressions de cet usurpateur, demandoient à être délivrés de sa tyrannie. An. 1274.

On assembla une seconde Diète à Ausbourg où les électeurs citèrent Ottocar pour leur rendre compte de sa conduite. Ce Prince n'y fit aucun acte de comparution ou d'hommage par ses ambassadeurs; il fut déclaré rebelle à l'Empire; on le somma de rendre les duchés d'Autriche, de Styrie, de la Carniole, et de la Carynthie, qu'il avoit usurpés, et les électeurs remirent entre les mains de Rodolphe l'exécution de leur sentence. An. 1275.

Ottocar répondit avec arrogance à ceux qui lui apportèrent l'arrêté de la Diète : » A qui rendrois-je hommage? je ne dois » rien à Rodolphe : il a été autrefois mon » domestique, et je lui ai payé ses gages. » Quant à mes domaines, mon épée saura » les défendre » (3).

(3) Æneas Silvius. *Hist. Bohem.*

Part. I. — An. 1275. En conséquence, la guerre est déclarée : Ottocar s'associe avec plusieurs princes allemans, et entr'autres, avec le duc de Bavière : le succès ne répondit point à leur audace. Rodolphe les força de mettre bas les armes, força le fier Ottocar à rendre les territoires contestés, et encore à lui faire hommage de la Bohême et de la Moravie.

An. 1276. L'isle de Camberg, sur le Danube, fut le lieu indiqué pour la cérémonie de l'hommage ; pour sauver à Ottocar une humiliation publique, elle devoit se faire sous une tente bien fermée. Ottocar vint au rendez-vous, tout couvert d'or et de diamans: Rodolphe par un autre orgueil, mieux entendu, le reçut dans l'habit le plus simple ; au milieu de la cérémonie, soit par accident ou à dessein, les rideaux de la tente tombèrent, et laissèrent exposé, aux regards du peuple et des deux armées qui bordoient les rivages du fleuve, le superbe Roi, à genoux, et les mains jointes dans celles de son vainqueur, qu'il avoit tant de fois appellé son maître-d'hôtel, et dont il étoit à son tour l'échanson.

La femme d'Ottocar, princesse Russe, non moins altière que son mari, fut si courroucée de cette circonstance mortifiante, qu'elle l'engagea à rompre le traité : ce prince qui n'avoit que trop de pente à venger ses affronts, reprit les armes pour ressaisir le duché d'Autriche. A l'instant l'Empereur livra bataille aux Bohémiens. Elle se donna près de Vienne. Ottocar y fut tué.

Chapitre XXXVIII.

An. 1277.

Cette victoire décisive, à laquelle applaudit tout l'empire, autorise Rodolphe, grand politique, à demander le gouvernement d'Autriche, et ses apanages pour son fils aîné, le comte d'Albert : ensuite dans une Diète d'Ausbourg, il le fait investir sollemnellement de ce duché, qu'on incorpore dans le collège des Princes. En même tems il donne l'investiture du duché de Souabe que sa femme lui avoit apporté en dot à Rodolphe son autre fils. C'est ainsi que le chef ambitieux de la maison d'Autriche, profond dans ses desseins, laisse à ses enfans des trésors, des amis, et un plan d'aggrandissement auquel nous la voyons encore fidelle.

An. 1282.

Part. I. Rodolphe eut grand soin d'adhérer à tous les articles du traité qu'il avoit conclu avec

An. 1282. Ottocar, et en conséquence il mit Vinceslas, son fils mineur, sous la tutèle du marquis de Brandebourg (1).

Son autorité étoit bien établie dans l'empire, mais il étoit loin d'être le maître en Italie : Grégoire X avoit en effet confirmé son élection ; mais en exigeant de lui une nouvelle rénonciation des terres de la comtesse Matilde, et de tous les autres territoires abandonnés à l'Eglise par les premiers empereurs. L'Empereur fut excomunié pour avoir soutenu ce qu'il appelloit ses droits de souveraineté sur quelque ville d'Italie ; mais il y reconça bien-tôt ; c'étoit renoncer seulement à un droit d'hommage que les villes et les seigneurs d'Italie, ne payoient jamais sans résistance, et sans menaces. Et quelles forces avoit-il à leur opposer ? Venise, Gênes et Pise comptoient un plus grand nombre de vaisseaux que l'Empe-

(1) Heiss *ubi sup.* Dumont, *Corps diplom.* tom. I.

reur

reur n'eût pu montrer d'enseignes; Florence étoit déja considérable, et les beaux arts y étoient en vigueur.

An. 1282.

Rodolphe employa les dernières années de son règne à fonder la grandeur de sa famille en Autriche. Il accorda des priviléges au clergé, de nouvelles dignités aux seigneurs, diminua les impôts, fit réparer les édifices publics, en bâtit de nouveaux. Il cherchoit à gagner l'estime générale par sa générosité, par sa modération, par sa justice; et l'on disoit dans tout l'empire, d'un homme qui manquoit à sa parole: » celui-là n'a pas la probité » de Rodolphe; » cependant, malgré sa popularité, il ne put réussir à faire nommer son fils Albert, Roi des Romains. Ce refus qu'il essuya des électeurs lui causa de violens chagrins: déja navré de douleur, il perdit son fils Rodolphe, et s'affligea de sa perte, comme on sent ses premiers malheurs, sans pouvoir se distraire, sans vouloir de consolations. Son affliction trop amère lui causa la mort. Ce Prince, qui avoit trouvé l'empire dans la misère

An. 1291.

Part. I. An. 1291. et la confusion, le laissa paisible, policé et riche (1).

L'histoire rapporte un fait singulier arrivé à son couronnement. On ne trouvoit point ce sceptre impérial, le prétendu sceptre de Charlemagne, et plusieurs seigneurs Allemands profitoient de ce prétexte pour remettre à une autre fois la cérémonie. (2) » Voilà mon sceptre, » leur cria Rodolphe, en saisissant un crucifix qui étoit sur l'autel. Alors tous les Electeurs lui firent hommage (3).

(1) Heiss. tom. II. c. 22. Barre, tom. VI.

(2) *Annal de l'Emp.* tom. II.

(3) Heiss, etc. ubi supra. — De pareils traits, ce me semble, ne s'expliquent guère que par une longue suite d'actions ; mais ils expliquent aussi toutes ces actions. Des Historiens modernes ont cité celui-ci, dans la vie de Rodolphe, comme un trait admirable de piété. D'autres ont trouvé dans cette action beaucoup de politique et de fermeté. Quant à moi, j'ai cru devoir placer ce trait-là à la fin du règne de Rodolphe ; car ce n'est point assez de saisir un de ces traits échappés du cœur « où réside tout l'homme, » il faut qu'il soit présenté avec le degré de lumière qui

Après un interrègne de neuf mois qui produisit une foule de dissentions, les princes d'Allemagne élurent au trône impérial Adolphe de Nassau. Ils furent guidés, dans leur élection, par le même esprit qui leur avoit fait choisir son prédécesseur. Ils le trouvoient digne, par ses talens militaires, de soutenir la gloire de l'empire, à la tête de leurs armées; et il ne leur paroissoit pas assez puissant pour changer la constitution et leur donner des fers.

Chapitre XXXVIII.

An. 1292.

Le règne d'Adolphe de Nassau fut une scène continuelle de divisions. Le besoin d'argent et de soldats le rendit coupable

lui convient: travail ingrat, qui n'est point apperçu du commun des hommes, mais dont le prix est toujours senti des grands maîtres. Demandez-leur ce qui distingue aujourd'hui une *même* figure, une figure *de commande*, sous les pinceaux d'un Raphaël ou d'un pauvre dessinateur? Faut-il vous le dire? ——— « Tout me sera sceptre », dit l'ambitieux. « Tout me sera Pyrrhus », s'écrie une amante irritée. » Voilà le cœur humain, et le grand peintre des passions.

Part. I. de quelques injustices : Albert, duc d'Autriche, irrité de n'avoir pas succédé à son père, peignit les fautes de son rival des couleurs les plus noires. Il se forma une conspiration contre Adolphe, et il fut déposé par l'archevêque de Mayence, au nom des Princes de l'empire.

An. 1297.

» Il y a six ans, dit l'Archevêque, le » siége de l'empire étant vacant par la » mort de Rodolphe, nous avons canoniquement élu Adolphe, comte de Nassau, roi des Romains, ne connoissant » alors personne qui méritât mieux cette » dignité. D'abord il se conduisit sagement, d'après les conseils des électeurs et » des princes de sa cour les plus prudens; » mais il commença par degrés à dédaigner leurs avis, et à prêter l'oreille à » de jeunes favoris sans raison et sans » expérience : alors il se trouva privé » d'amis sincères, et des moyens efficaces » qu'ils auroient su lui procurer pour soutenir le poids de l'administration publique. Les électeurs, voyant son indigence, et dirigés par nombre d'autres

» motifs, ont demandé au Pape son con- » sentement, pour le déposer et choisir » un autre empereur. Nos envoyés assu- » rent qu'ils ont obtenu le consentement » de sa Sainteté : ceux d'Adolphe affirment » le contraire. Mais nous, sans avoir » égard à toute autorité étrangère à la » nôtre, et trouvant Adolphe inhabile à » gouverner l'empire, nous le déposons » de la dignité impériale, et nommons, à » sa place, Albert, duc d'Autriche, Roi » des Romains » (1).

Chapitre XXXVIII.

An. 1297.

Adolphe, informé de cette élection, leva le siége de Ruffach, en Alsace, et marcha vers Spire, où il campa. Il fut renforcé par le comte Palatin Rodolphe, Othon, duc de Bavière, et les villes de Spire et de Worms, qui n'avoient jamais abandonné sa cause. Albert s'avança, les armes à la main, pour lui disputer la couronne impériale. Ils engagèrent le combat entre Gelnheim et le monastère de Rosendal. Le champ de bataille fut défendu de part

(1) *Chron. Colm.*

Part.^s I. — An. 1297.

et d'autre avec les derniers efforts du courage. Dans la chaleur de l'action, Adolphe ayant isolé son rival, lui livre un combat singulier. » C'est ici, lui crioit-il, » qu'il faut me résigner l'empire et votre » vie. » — « L'un et l'autre, lui répondit » Albert, sont entre les mains de l'Eternel; et au même instant il le frappe au visage avec une telle violence, qu'il le renverse de son cheval. Adolphe fut à l'instant assassiné (1).

Sous le règne d'Adolphe et celui de Rodolphe son prédécesseur, les Juifs furent persécutés dans l'empire, avec une extrême cruauté, pour les punir, disoit-on, d'avoir égorgé plusieurs enfans des Chrétiens, et d'avoir commis d'autres crimes contre nature. Ils furent, entr'autres, accusés d'avoir volé un peu de *pain-à-chanter*, ou en d'autres termes, une de ces *hosties* que nos prêtres, grands enchanteurs, nous font adorer comme un ouvrage de leurs mains *sacrées*, à la place

(1) *Chron. Colm.*

Chapitre XXXVIII.

An. 1297.

du Tout-Puissant, qui n'a jamais eu besoin de nos stériles hommages. (1) Le peuple, souvent crédule au point qu'il en est stupide, ne se donna pas la peine d'examiner si ce prétendu vol étoit un crime qui offensât l'Eternel, ni même si l'accusation étoit fondée. Les habitans de Nuremberg, Rottemberg, Amberg, et plusieurs autres villes de Franconie et de Bavière, saisirent tous les malheureux Israélites qui tombèrent sous leurs mains impitoyables; ils les jetèrent au feu par milliers, en chantant des hymnes de charité fraternelle; et ils portèrent les misérables restes qui leur échappèrent à un tel degré de désespoir, qu'ils aimèrent mieux se détruire eux-mêmes, avec leurs femmes et leurs enfans, que de s'exposer à la férocité des Chrétiens. Ce malheureux Peuple ne fut pas mieux traité en Hollande et dans la Frise, aujourd'hui leur asyle, et alors provinces de l'empire (2).

(1) *Aime ton frère, et tu auras accompli ma loi.* *Voyez la Notice*, etc. vol. I. de cette hist. pag. 23.

(2) *Annal. steron.* Mosheim, *Hist. eccl.* vol. III. Le docteur Mosheim laisse douteux si les accusa-

Part. I.

Quoique Albert eût été élu Roi des Romains avant sa victoire sur Adolphe, et qu'il fût conséquemment devenu légitime empereur à la mort de ce Prince, il désira que son titre à l'empire fût confirmé par une
An. 1298. nouvelle Diète : elle fut assemblée à Francfort, où se rendirent l'Electeur de Trèves et le Palatin, qui n'avoient pas donné formellement leurs suffrages. Il fut ensuite couronné à Aix-la-Chapelle. Le concours du Peuple, en cette occasion, fut si prodigieux, que le duc de Saxe, frère de l'Empereur, et plusieurs autres seigneurs, périrent étouffés dans la foule (1).

Les premières années du règne d'Albert furent troublées par une grande querelle avec le Pape et les Electeurs. Boniface VIII, infatué des chimères de la Cour Romaine, avoit pour les soutenir plus d'audace qu'au-

tions portées contre les juifs étoient vraies ou fausses. Son traducteur, homme savant et judicieux, donne plusieurs raisons de croire qu'elles étoient fausses.

(1) Heiss, lib. II, chap. XXIV.

cun de ses prédécesseurs ; il écrivit aux trois Electeurs ecclésiastiques, pour leur ordonner de rejeter ce Prince, et d'en élire un autre : il le somma lui-même de comparoître devant le St. Siége, pour se purger du crime de lèse-majesté, et de l'excommunication qu'il avoit encourue ; défendant à tous les sujets de l'empire de le reconnoître pour Roi des Romains, les déchargeant du serment de fidélité, et le menaçant (l'Empereur) de procéder contre lui et ses partisans avec les armes *spirituelles* et temporelles, comme il le jugeroit à propos (1).

Chapitre XXXVIII.

An. 1298.

Les trois Electeurs ecclésiastiques s'empressèrent d'obéir aux ordres du Pape. Albert les fit bientôt repentir de leur audace, et de leur soumission au St. Siége. Boniface se préparoit à prendre leur défense, quand ses démêlés avec Philippe-le-Bel lui firent sentir le besoin de se faire des protecteurs. Alors il rechercha l'amitié d'Albert d'Autriche, lui prodigua les bénédictions, força les Archevêques allemands

(1) Fleury.

Part. I.

An. 1303.

à l'obéissance, et le reconnut pour légitime Roi des Romains; cependant Albert n'obtint, dit-on, de Boniface la bulle qui confirmoit sa puissance et son élection, qu'après avoir déclaré par un acte solemnel que » l'empire Romain avoit été transféré, » par le St. Siége, des Grecs aux Allemands, » en la personne de Charlemagne; que le » St. Siége avoit accordé à certains princes » séculiers et ecclésiastiques, le droit d'élire » un Roi des Romains, destiné à l'empire; » et que les empereurs et les Rois tenoient » la puissance du glaive du souverain » Pontife, maître des royaumes (1). »

L'évènement le plus remarquable, arrivé sous ce règne, est la naissance de la république de Suisse. Entourés de montagnes, de torrens, de précipices et de bois, les Suisses n'ayant rien à craindre des étrangers, avoient toujours vécu heureusement sur un terrein pierreux, qui ne conviendra jamais qu'à des hommes accoutumés à

(1) *Hist. des démêl. de Bonif. VIII avec Philip. le Bel.* Mosheim, *Hist. eccl. vol. III.*

Chapitre XXXVIII.

An. 1303.

une vie frugale et laborieuse ; car il ne faut pas juger des hommes qui habitent la Suisse par ces petits messieurs que la république rejette de son sein, et qui, à force de petites intrigues, de petits talens, de petites ruses et de forfanterie, ont mérité d'être appellés en Europe *les gascons de l'Allemagne*. L'égalité des conditions, le partage naturel des hommes qui connoissent leurs droits, formoit la base du gouvernement des anciens Suisses. Ils avoient été libres de tems immémorial. César en a parlé avec respect dans ses commentaires ; car il se souvenoit qu'autrefois les Helvétiens (1) avoient défait l'armée Romaine commandée par le consul L. Cassius, et qu'ils avoient fait passer les soldats romains sous le joug. Comme ils furent le premier peuple que César attaqua pour entrer dans les Gaules, ils lui demandèrent de les recevoir dans son alliance, et qu'ils s'établiroient par-tout

(1) » L'origine des Helvétiens, aujourd'hui les » Suisses, est la même que celle des Gaulois ; et » c'étoit par conséquent une nation Celtique » Puf. tom. 4, chap. 6.

Part. I.

An. 1303.

où il lui plairoit, sinon qu'il prît garde à ne pas trop s'enorgueillir d'un foible avantage qu'il devoit à l'artifice et à la surprise, et que les lieux où il étoit, pourroient bien devenir un jour célèbres par les malheurs du peuple romain, et par la défaite de son armée. César leur demanda des ôtages; ils lui répondirent que leur coutume n'étoit pas de donner des ôtages, mais d'en recevoir; que les Romains le savoient assez: et ils se retirèrent pour veiller à leur défense (1).

Ennemi de tous les genres de tyrannie, le peuple Suisse n'avoit jamais balancé à punir ses nobles ingrats ou ambitieux; mais quoiqu'il eût toujours été extrêmement jaloux de son indépendance, il n'avoit jamais cessé d'être soumis à l'empire, dont il faisoit partie. La plupart de ses villes étoient libres et impériales (2).

Quand Rodolphe de Habsbourg fut élu

(1) César *comment.*

(2) Zurich, Bâle, Soleure, Berne, Schaffhausen étoient villes impériales. Puf. *ubi sup.*

Chapitre XXXVIII.

An. 1303.

empereur, quelques seigneurs de châteaux accusèrent juridiquement les cantons d'Uri, de Schweitz et d'Underwald de s'être soustraits à leur souveraineté féodale ; mais Rodolphe, qui avoit autrefois combattu ces petits tyrans, jugea en faveur des citoyens ; et dès-lors ces trois cantons se mirent sous le patronage du Corps Germanique, comme alliés et non sujets de la maison d'Autriche.

Rodolphe, qui étoit suisse, traita toujours ses compatriotes avec les plus grands égards ; il défendit généreusement leurs droits et leurs franchises contre les nobles et les prélats, qui, profitant du désordre général causé par les malheurs de la maison de Souabe, avoient tenté de les opprimer et de tout envahir. La reconnoissance des Suisses l'avoit même déclaré l'*avoué*, ou le Protecteur du pays (1), lui donnant encore le droit d'envoyer des résidens qui présideroient aux assemblées, pour les éclairer de leurs conseils et des siens. Rodolphe n'avoit point abusé de cet

(1) Vers l'an 1280.

Part. I. excès de reconnoissance qui eût pu les conduire à l'esclavage ; mais Albert d'Autriche, son fils, parvenu à l'Empire, voulut avoir des sujets soumis dans les Suisses, et faire de leur pays une principauté pour un de ses enfans. Dans ce dessein, il s'efforça de persuader aux cantons d'Uri, de Schweitz et d'Underwald, de se soumettre volontairement à sa domination. Il promettoit de les gouverner avec la plus grande douceur ; mais ne pouvant les engager à renoncer à leur indépendance, et les trouvant sourds à toutes ses sollicitations, il résolut de les dompter, de les traiter en esclaves, et de les soumettre à des gouverneurs qui leur feroient éprouver tous les fléaux du pouvoir arbitraire.

An. 1303.

La tyrannie de ces gouverneurs, qui fouloient aux pieds les loix du pays et celles de la nature, étoit aussi ridicule qu'horrible. Un Geisler, (1) gouverneur d'Uri, s'avisa de faire mettre un de ses bonnets au haut d'une perche, dans la place, ou marché d'Altorf, et il

(1) D'autres l'appellent Gesler et Grisler.

ordonna à tous les passans de saluer ce bonnet, sous peine de mort ; Guillaume Tell, rempli de cette noble fierté que l'amour de la patrie inspire aux cœurs généreux, dédaigne de se soumettre à un hommage absurde qui avilit sa nation. Le gouverneur le condamna à être pendu pour n'avoir pas salué le bonnet. Tell alloit subir son supplice, quand Geisler, qui venoit d'entendre vanter son adresse à tirer de l'arc, envoya chercher le fils de cet archer, et le fit mettre au milieu de la place publique avec une pomme sur la tête. Ensuite il offre à Guillaume Tell sa grace, à condition qu'il abattra d'un coup de flèche la pomme placée sur la tête de son fils. Tell se récrie, demande à subir sa première sentence. Geisler indigné lui ordonne d'obéir, et l'assure que s'il manque son coup de flèche, il le fera pendre sur l'heure avec son fils. Le père tire, enlève la pomme. Geisler lui donne sa grace : appercevant une seconde flèche sous l'habit de Tell, il lui demande ce qu'il prétendoit en faire : « Je te la destinois, dit le Suisse avec indignation,

Part. I. si j'eusse tué mon fils ». Le gouverneur ;
An. 1303. alarmé par les cris qui s'élèvent de toutes parts, n'ose frapper Guillaume Tell, l'ami de la liberté; il le condamne à une prison perpétuelle, où il espère l'immoler sans rien craindre; mais quand les tyrans ont ajouté imprudemment le mépris à l'oppression, ils sont bientôt punis; Geisler ne vécut pas assez long-tems pour sacrifier le généreux Guillaume Tell à ses ressentimens.

Un tyran peut dédaigner quelquefois les loix constitutionnelles d'un pays, car à cause d'un code *spirituel*, mot vuide de sens et de raison dans un code, il y entre toujours de l'arbitraire; mais qu'il respecte les loix de la nature, le peuple qu'on n'insulte jamais en vain connoît ses loix éternelles. Il n'y auroit plus de peuple chez une nation, même enchaînée, qui n'auroit pas mis en pièces un tyran qui arme les mains d'un père, pour tuer son fils, un enfant de six ans; et pour quel crime? pour n'avoir pas salué son bonnet, le bonnet d'un gouverneur, perché sur un bâton.

Ce

Ce dernier acte de tyrannie, qui révolta tous les esprits, détermina Arnauld Melchtat, du canton d'Underwald, Werner Strauffacher de Schweitz, et Gautier Furtz du canton d'Uri, à se remuer et à exécuter le projet qu'ils avoient formé de délivrer leur pays de la domination Autrichienne. Chacun d'eux se procura trois associés fidèles et sûrs; et ces douze illustres patriotes, que des historiens esclaves flétrissent toujours du nom de conjurés, achevèrent leur entreprise sans qu'il en coûtât la vie à un seul homme. Ayant préparé les habitans de leurs divers cantons à une insurrection générale, ils surprirent à la fois tous les gouverneurs Autrichiens, et les conduisirent jusqu'aux frontières : et leur ayant fait promettre avec serment de ne plus jamais servir contre la nation Helvétique, ils les laissèrent aller sans injures (1); sublime exemple de modération, de la part d'un peuple irrité contre ses oppresseurs, et qui les avoit en sa puissance. Cet exemple est peut-être

Chapitre XXXVIII.

An. 1308.

(1) Stettler. *Annal. Helvetic.*

Part. I.

An. 1308.

unique dans l'histoire des peuples modernes ; car c'est peut-être aussi le seul exemple où, détestant beaucoup plus la tyrannie que les tyrans, on ait sincèrement travaillé à établir une liberté véritable. (1)

Après avoir ainsi chassé leurs gouverneurs, les trois cantons d'Uri, de Schweitz et d'Underwald, forment une confédération solemnelle où tous les habitans, jusqu'aux femmes et aux enfans, jurent de verser jusqu'à la dernière goutte de leur sang pour conserver le bien précieux qu'ils venoient de recouvrer. Petit-à-petit les autres cantons entrèrent dans cette fameuse ligue qui donna naissance à la république de Suisse, et que l'amour de la liberté rend encore aujourd'hui si respectable et si forte. Jamais peuple n'a plus long-tems ni plus courageusement combattu pour sa liberté que les Suisses. Ils l'ont défendue, en nos tems modernes, par plus de soixante combats contre les Autrichiens ; et il faut espérer qu'ils la conserveront long-tems, car c'est particu-

(1) Vid. Supra. chap. 36, pag. 156.

lièrement en Suisse que les bienfaits de la liberté ont opéré de véritables prodiges. Un nouveau gouvernement fit changer de face à la nature ; la vigne cacha sous son pampre et ses festons des rochers nuds et arides : un terrein sec, rude, négligé sous des tyrans durs et cruels, devint tout-à-coup fertile et riant ; dès qu'il fut cultivé par des mains libres, on le vit tout chargé de fleurs, de fruits et de moissons.

Les Suisses confédérés voulurent assurer tous leurs droits d'homme et de citoyen : et dans l'enthousiasme qu'inspire aux grandes ames le sentiment de la liberté, ils se portoient aux plus courageuses entreprises.

L'empereur Albert, qui se préparoit à les accabler de toutes ses forces réunies, périt victime de ses violences et de son avarice. Jean d'Autriche, son neveu, dont il avoit ravi le patrimoine, résolut de le punir de sa tyrannie. Ligué avec trois autres seigneurs, ils l'assassinèrent au milieu de sa cour et de son armée, sur les

Part. I.

An. 1308.

bords de la rivière Prus, dans le voisinage de la Suisse (1). Peu de souverains sont morts d'une manière plus tragique, et aucun peut-être n'a été moins regretté. Il ne manquoit cependant ni de valeur, ni de vues; mais un désir immodéré d'agrandir sa famille lui fit violer tous les droits de la nature et des gens.

(1) Rebdorf ad ann. 1308.

Fin du troisième volume.

TABLE CHRONOLOGIQUE

DES MATIÈRES

DU TROISIÈME VOLUME

DE

L'HISTOIRE DE L'EUROPE MODERNE.

PREMIÈRE PARTIE.

Histoire de la naissance et des bouleversemens des Empires de l'Europe moderne.

PREMIÈRE ÉPOQUE.

De la naissance des royaumes modernes, jusqu'à la paix de Westphalie, en 1648.

CAAPITRE XXXII.

L'Empire d'Allemagne et ses dépendances, Rome et les États Italiens, depuis l'avènement de Henri VI, jusqu'à l'élection de Rodolphe de Hapsbourg, fondateur de la Maison d'Autriche, avec une continuation de l'Histoire des Croisades.

CHAPITRE XXXIII.

L'Angleterre, depuis l'obtention de la Grande-Charte jusqu'à l'établissement de la Chambre des Communes.

CHAPITRE XXXIV.

La France, depuis le règne de Philippe Auguste, jusqu'à la fin du règne de Louis IX, ordinairement appelé Saint Louis ; avec quelques détails sur la dernière Croisade.

CHAPITRE XXXV.

L'Espagne, depuis le milieu du onzième siècle, jusqu'à la fin du treizième.

CHAPITRE XXXVI.

L'Angleterre, depuis la création de la Chambre des communes sous Leicestre, jusqu'à son établissement parfait et constitutionnel, sous le règne d'Edouard, avec une introduction à l'histoire d'Ecosse, quelques détails sur sa conquête, et la réduction absolue du pays de Galles.

CHAPITRE XXXVII.

L'Angleterre, sous le règne d'Edouard II, avec quelques détails sur les affaires d'Ecosse.

CHAPITRE XXXVIII.

L'Empire d'Allemagne et ses appartenances, Rome et les états Italiens, depuis l'élection de Rodolphe de Habsbourg, fondateur de la maison d'Autriche, jusqu'à la naissance de la république des Suisses confédérés.

Fin de la table.

www.ingramcontent.com/pod-product-compliance
Ingram Content Group UK Ltd.
Pitfield, Milton Keynes, MK11 3LW, UK
UKHW020130220726
13923UKWH00001B/96

9 782019 228187